聆听：向死而生

［法］菲利普·纳西夫◎著

王倩◎译

Wuhan University Press
武汉大学出版社

场景回放：报业大亨夏尔·福斯特·凯恩在仙娜度庄园去世前，临终时只说了“玫瑰花蕾”几个字。这是奥森·威尔斯的著名电影《公民凯恩》的片头场景。该影片讲述了一名记者探索“玫瑰花蕾”真相的故事。片中，主角们对“玫瑰花蕾”四个字一无所知，但影片结束时记者发现：凯恩小时候玩过的雪橇上面刻着“玫瑰花蕾”四个字。那时小凯恩已经继承了一口金矿井，他的母亲委托某金融巨头代替她抚养儿子。凯恩强烈的权力欲望或许与他凄惨的童年经历有关。

从此，我们将这类调查称为“玫瑰花蕾”现象，即以大人物的临终遗言为线索展开调查。临终遗言如同死神手中的启示录：上面写满了原始诗句的片段。这些临终遗言一方面能激发我们的好奇心和想象力，另一方面，我们也希望可以从遗言中发现一些真理，为今后的生命之路提供指导。然而，真理往往不容易被发现，比如凯恩的“玫瑰花蕾”的寓意，但是，通过结合人物的生平和临终前的状况，我们可以剥开真理的外壳，发现和触摸真理。

这种解读为读者提供了广袤的思考空间：本书所选的77篇临终遗言，或充满恐惧、或充满希望、或幽默风趣、或麻木惊愕、或是无意识之语、或是调戏圣人之言，有人发表预言性的长篇大论，也有人状如痴者，行为出格。但是每个人都或多或少地验证了心理学家伊丽莎白·库勒-罗斯的死亡五段论：否定、愤怒、讨价还价、沮丧、接受。

这些临终遗言不禁让我们想起自己与死神之间岌岌可危的关系，这也正是本书的魅力所在。当然，我们谈论的死亡，绝不是简单的肉体消失而已。读完这些临终遗言，我们会发现，绞尽脑汁地构思临终前要说什么或者精心准备一篇墓志铭，意义并不大。从出生起，我们就开始经历各种形式的“告别”：与母亲的分离；童年、少年、青年时光的逝去；颜面扫地时尊严的丧失，失去爱人或是离别家园；远去的爱情与友情；希望的破灭；信任的崩塌。临终遗言正是对这些“告别”的写照。

不论是愤怒或者否定，抑或是讨价还价，失望与接受，都是用遗言的形式来宣泄“告别”情绪：这就是遗言的启发性力量。因此，我们可以把遗言比作一种鼓励，鼓励自己与逝去的人生告别，以开放的姿态奋然前行：如获新生。

目录 CONTENTS

安东·契诃夫[1]

1904年7月2日
巴登威勒（德国）
44岁

“我已经很久没有闻过香槟酒的气息了。”

［1］安东·契诃夫（法语：Anton Tchekhov，1860—1904），俄国的世界级短篇小说巨匠，现实主义大师。

这位俄国作家一生笔耕不辍。从《樱桃园》到《海鸥》，他的作品反映了当时的社会问题。契诃夫不仅是一位作家，还是一位关心民生疾苦、心怀世界的医生。他亲自到寒冷的萨哈林岛考察，揭露了收容苦役犯的教养院里残酷的生活条件。住在契诃夫宅邸周围的农民，也经常受到这位医生的照拂。另外，他还捐资助学。不幸的是，他本人却染上了肺结核：身为医生的他，从23岁第一次咳血到去看病，中间整整隔了12年。1904年夏天，契诃夫携妻子奥尔·嘉尼波到德国黑森林的温泉疗养院休养。一天夜里，他醒来后将医生叫到床边，还要喝香槟酒。他妻子说，这是他生平第一次问她要香槟酒喝。契诃夫的戏剧作品言简意赅，结尾经过精心雕琢，他将喜剧和悲剧拿捏得恰到好处。正因如此，这位剧作家临终前坐在床上，大声用德语向医生宣布："Ich sterbe"（我死了）。然后，他向妻子说出了自己的临终遗言，静静地喝完香槟后，呈左侧卧永远地离开了这个世界。

路易十四[2]	1715年9月1日 凡尔赛宫 76岁

“你们哭什么？你们以为我会永垂不朽？”

[2] 路易十四（法语：Louis XIV，1638—1715），法国波旁王朝国王，号称“太阳王”（Roi Soleil），法国历史上最伟大的君主之一。

几天前，路易十四的左腿开始疼痛难忍，最终被诊断为老年坏疽病。这位法国国王气息奄奄地熬过了一周多的时间，并在庄严肃穆的气氛中，度过了生命的最后几个小时。两个贴身仆人看到昔日的国王命在旦夕，不禁轻声啜泣起来，国王责怪他们没有准备好接受他的死亡。或许他们是惊讶于原来国王也终有一死这个事实。路易十四责问道，你们何时才能意识到，太阳王、专制君主、天授神权是纯属虚构？统治期间，我在凡尔赛宫的舞台上，导演了这一部部虚构戏剧。临终前，他放下国王的架子，神态自若地说完这番话。他还将曾孙——未来的国王路易十五——叫到跟前。当他提起某段回忆，总是强调说："当我还是国工的时候　　"永垂不朽的，不是路易十四而是皇室子嗣．戏剧永不停演。

艾米莉·狄金森[3]

1886年5月15日
艾姆赫斯特（马萨诸塞州）
55岁

“起雾了，我要走了。”

[3] 艾米莉·狄金森（Emily Dickinson，1830—1886），美国传奇诗人，诗风凝练婉约，意象清新，描绘真切、精微。

美国著名女诗人艾米莉·狄金森生前在马萨诸塞州的艾姆赫斯特家园里过着隐居修道的生活，她喜欢穿白色衣服，深居简出，也很少会见来访客人。艾米莉把自己的诗集藏在小木箱里，直到她去世，她的妹妹拉维尼亚才发现这些诗作。她的作品富有神秘、自由气息，光芒四射，题材丰富，充满与死亡之谜的抗争，比如，她笔下的生命铰链、死神降临的可能性、耶稣圣像、宁静美丽的花朵、爱情赞歌。1884年夏天，她在厨房里看到“一大片阴翳降落”后便晕倒了。从那时起，走向彼世这一主题便经常出现在她的书信和日记中。1885年冬天，艾米莉生病卧床不起，她的临终遗言震撼人心：“起雾了，我要走了。”艾米莉的作品诗意与灵感并存，相互交融、相互影响，最终，鼓舞着女诗人坚定而从容地走向死亡。

约翰·塞巴斯蒂安·巴赫[4]

1750年7月28日
莱比锡
65岁

"我将听到真正的音乐了。"

[4] 约翰·塞巴斯蒂安·巴赫（法语：Jean Sébastien Bach，1685—1750），巴洛克时期的德国作曲家，杰出的管风琴、小提琴、大键琴演奏家，被誉为"西方近代音乐之父"。

巴赫在几近失明中度过了生命中最后的岁月。1750年7月18日，自脑疾发作彻底失明后的十天里，巴赫一直在死亡线上挣扎，即便如此，他还利用这段宝贵的时间，修改了口述给女婿阿尼古拉的管风琴曲。本曲原名《当我们忧伤至极时》，后来，巴赫把这首安静朴素的曲子改名为《我来到你的王座前》。莱比锡作曲家最后的音符缓缓响起，似乎在向世人证明，如果说巴氏乐曲把传统音乐形式演绎到极致，是因为每支曲子都经历了无数遍相似练习、或忧心忡忡或兴高采烈的尝试以及对神圣和弦的演绎推理。之后，巴赫音乐受到新教徒支持，特别是新教创始人马丁·路德的支持，他说，神的世界不是“看得见的世界”，而是“听得见的世界”。天堂即音乐，所以天堂像巴赫清唱曲一样，让我们感到无比心安。

欧仁・拉比什[5]

1888年1月22日
巴黎
72岁

——爸爸，你快见到玛德琳娜了，请跟她说，我一直爱她！
——你不能自己跟她说吗？

[5] 欧仁・拉比什（法语：Eugène Labiche，1815—1888），法国戏剧作家，最著名的作品为《意大利人的草帽》。

有人说拉比什的最后时刻，像他笔下的戏剧一样。作为第二帝国著名喜剧作家，拉比什的轻喜剧集虚幻、荒谬和怪诞于一体，如《意大利人的草帽》《裴立颂先生的旅行》都是典型代表。拉比什不喜欢长篇大论地抒情，而是用风趣尖刻的词句来突出主题：揭露愚蠢的新兴资产阶级。这一次他的儿子，经受丧妻之痛不久的安德鲁违心地扮演了一个平庸滑稽的粗人：他愚钝而冥顽不化，却一直幻想见到死去的父亲，当然是想让亡父继续为他卖命！剧作家用愤世嫉俗的嘲讽方法，延续着他一贯的风格：尖刻。大荒唐代替小荒唐，却产生了更好的喜剧效果，堪称完美。

尼科洛·马基雅维利[6]

1527年6月21日
佛罗伦萨
58岁

“我宁愿到地狱里与英雄论国事，也不到天堂与无赖苟且！”

[6] 尼科洛·马基雅维利（Nicolas Machiavel，1469—1527），意大利哲学家、历史学家、政治家、外交官。

马基雅维利用饶有趣味的遗言传递了自己的思想。他将《君主论》这本政权著作献给了当时的统治者洛伦佐二世·德·美第奇[7]，一是为了鼓励洛伦佐一统意大利，二是为提高自己的政治地位。“马基雅维利谋略”以他的名字命名，宣扬为了达到目的不择手段的做法。也有人说，他是当时并不明朗的共和之道的倡导者。马基雅维利生动地刻画了冒险派政治家的心理政治图，对意大利历史产生了深远影响。在他看来，完美的政治家要用勇气与谋略来战胜生命的偶然性。同时，为了达到这个目的，他表示对人类的善意不抱任何幻想。这位富有争议的意大利政治家服用过量泻药医治胃疼，最后腹痛难忍去世。临死前，有人问他是否希望去天堂时，他再次表明，善意是一种空想，住在天堂里的都是伪君子！这些无赖压抑着心中的恶意，表面看起来十分和善：他们没有勇气，没有谋略，更谈不上什么交流技巧了。

[7] 洛伦佐二世·德·美第奇（Laurent II Médicis，1492—1519），从1513年开始就是佛罗伦萨的实际统治者，直到1519年他因为梅毒突然去世。

列奥尼达[8]	公元前480年 温泉关 60岁左右

"今晚，我们到冥王殿里去吃晚饭吧。"

[8] 列奥尼达（Léonidas，约公元前540—公元前480），古希腊斯巴达国王，古希腊抗击波斯入侵的英雄。

列奥尼达是最著名的斯巴达国王。他率部约7000人镇守交通隘道温泉关，阻挡波斯帝国国王薛西斯率领的十余万波斯军。双方鏖战旷日持久。根据古希腊历史学家希罗多德的记载，当地一名叫作Ephialès的希腊人背叛守军，给波斯军队指出了绕开温泉关口的一条山路。由于腹背受敌，列奥尼达命令雅典和底比斯联军撤退，自己率领300名斯巴达人留下来殊死抵抗。出征前的最后一餐十分简单：虽然战局已注定，但最后一战打响前还需要保存体力。列奥尼达对手下的重武装步兵说：假如败北，即使到了冥王殿，他也一定会宴请大家。

托马斯·爱迪生

1931年10月18日
西奥兰治（新泽西州）
84岁

“那儿很美。”

自学成才的爱迪生一生有1040项创造发明，包括留声机、白炽灯以及电椅等。同时，他还是位有真知灼见的商人，创办了美国通用电气公司。他这样定义天才："2%的灵感，加上98%的汗水。"在爱迪生眼中，灵感既不在细枝末节的小事中，也绝非偶然事件。他不信仰上帝，也不是绝对的无神论者，他认为高度的智慧统治着物质世界。不过众多传记回避的一个事实就是爱迪生在生命最后的十年时间里，一直试图进入冥界。因为在他看来，人类的灵魂是由一大批微物质聚集组成，可以称之为一个个生命单位，随着人类的死亡，这些微物质也烟消云散。为了给通灵术以科学根据，爱迪生希望发明一种通灵机捕捉、扩大并了解这些微粒子，人一旦死亡，这些微粒子就会逃离人体，带走死者的记忆。因此，爱迪生在临终遗言里由衷赞叹：流动的生命真美。

亨利·梭罗

1862年
康克德（马萨诸塞州）
44岁

——您离冥河岸这么近，岸上的世界什么样?
——是同一个世界!

后人常称梭罗为美式菩提。甘地的非暴力主义即受到其政治随笔《论公民的不服从义务》的影响，而梭罗的代表作《瓦尔登湖》则深深地影响了当时的嬉皮一代。瓦尔登湖离梭罗的家乡只有几英里的距离，在书中他详尽地描述了在湖畔再生林中的两年时光。他惊喜地收获《每一次邂逅的赠予》，接受《周围真实世界的供养》。他的良师益友爱默生说，他给林中的鸟儿吹奏笛子，鸟儿陪着他散步，鱼儿游到他的掌心里。出于对家乡的热爱，他把晚年大多数时间用来测量康克德及周围的土地上（“我在康克德留下无数的脚印”，他这样说道）。临终前，一个曾经当过牧师的朋友，问他死后的情景，他的回答如同正义引导的生命之火散发着光芒。说起死后的世界，就证明已经离开了曾经生活的活人世界，就意味着驶离当前的生活轨道，是垂危之时，放弃对“鲜活生命”的追求。

温斯顿·丘吉尔	1965年1月24日 伦敦 90岁

"烦死了！"

这位充满激情的战争领袖，第二次世界大战同盟国胜利的缔造者似乎格外惧怕退休。他曾跟医生表示不想继续苟活："如果没事做了，还活着干什么？"丘吉尔谨遵诺言。80岁高龄时依然担负着英国首相一职，后因健康原因辞职。期间，他一直任英国下院议员，直到1964年秋天，正式卸任反对党领袖。渐渐闲下来的丘吉尔陷入了深深的抑郁中。在发出最后一声叹息后，他连续昏迷了9天，最终停止呼吸，走到了伟大一生的终点。

保罗·波烈[9]

1944年4月30日
巴黎
65岁

“这些讨厌的护士服，只会磨灭一个男人的生存欲望。可怜的姑娘们，我应该给你们设计一套更合体的制服。用更多淀粉浆，做出线条更柔和的服装。还有颜色，颜色也很重要！”

[9] 保罗·波烈（Paul Poiret，1879—1944），法国幻想时装大师。

美国人称其为“时尚教主”。而巴黎人基于保罗·波烈奢华的生活方式，对艺术的热爱和对东方服饰的偏爱，称他为“崇高者”。这位时装设计师变革了法国美好时代的女装轮廓。为了赋予妇女充分的自由，他用连衣裙解放了受紧身胸衣束缚的女性，塑造了纤长的女性形象。他还崇尚简单的剪裁和鲜艳的色彩。他是首位推出个人香水（“玫瑰心”）的服装设计师。毕加索、马蒂斯和康斯坦丁都是他的合作伙伴。总之，保罗·波烈是位不折不扣的时尚先驱。即便生命垂危之时，躺在诊所床上的他依然对周围护士的着装指手画脚。不知如今风靡的护士蓝是否已征得这位时尚教主的同意?

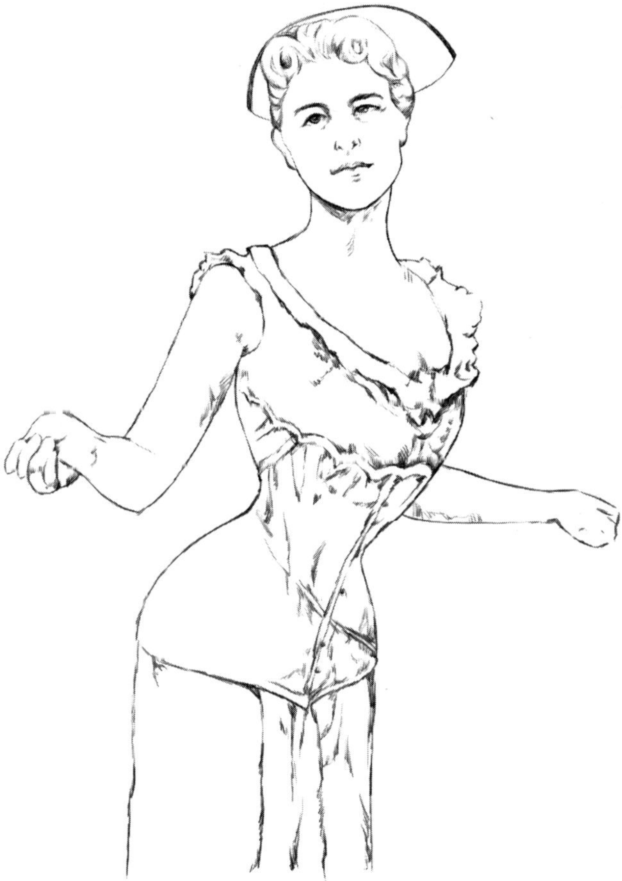

皮埃尔·保罗·帕索里尼[10]

1975年11月1日至2日 深夜
奥斯提海滩（罗马）
53岁

“可悲的是，人类不复存在，只剩下互相碰撞的奇怪机器。”

[10] 皮埃尔·保罗·帕索里尼（Pier Paolo Pasolini，1922—1975），意大利作家、诗人、后现实主义时代导演。

人们在罗马郊外的奥斯提海滩上发现了这位意大利诗人的尸体，用他妻子的话形容像“一捆破布”。帕索里尼10根肋骨骨折，胸骨凹陷，左耳被切掉，脖颈撕裂，下颌骨骨折，左手手指被切掉，心脏肝脏破裂。即使现在，他的死因依然迷雾重重。年轻的朱塞培·佩洛西被指控犯有谋杀罪，他认罪后立即被判刑。30年后，佩洛西重新提起诉讼，翻供表示自己清白无罪，并指出了三位西西里口音的杀手。帕索里尼自称掌握了国家政治丑闻的内幕，因此成为黑手党与基督教民主党警察合谋迫害的对象。被害前几个小时，他曾接受意大利新闻报采访。出于对危险局势的预判，他建议记者将“整个世界危机四伏”作为报道标题。他为混乱的欧洲敲响了警钟，他重申消费主义是法西斯主义最危险的部分，因为消费主义腐蚀了我们的灵魂，用破败的关系网构建了一个新社会，每个人被囚禁在思想的牢笼里，终日为一种不动声色的恐惧所折磨，在这里人与人之间只存在身体的碰撞，相识的机会少之又少。

理查德·瓦格纳[11]

1883年2月13日
威尼斯
70岁

“然而，女性的解放只能在意乱情动中产生。爱情——悲剧”

[11] 理查德·瓦格纳（Richard Wagner，1813—1883），德国作曲家，著名的古典音乐大师。

威尼斯是瓦格纳逃离德国严冬的避寒地，在这里他花了十几年的时间完成了《特里斯坦与伊索尔德》。随着年龄的增长，他的心脏变得愈发脆弱。1882年冬天，瓦格纳一家在威尼斯文德拉明宫避寒，剧烈的心绞痛威胁着他的生命。某天晚上，这位拜罗伊特音乐大师痛苦地说道“我要永远地放下指挥棒了”。当时，瓦格纳正在创作题为“人类女性”的理论文章。难道他预感到自己的生命只剩几小时了？他写的最后两个句子像一种强有力的预言。值得一提的是瓦格纳所表现出的对女性的崇拜：在他的音乐剧中，她们常以救世主的形象出现，爱情偶然降临在这些女英雄身上。他说，因为爱情常常伴随着悲剧，所以要想从父权制的牢笼中解脱，则要付出惨重代价。

莎拉·伯恩哈特[12]	1923年3月26日 巴黎 78岁

"爱。"

[12] 莎拉·伯恩哈特（Sarah Bernhardt，1844—1923），19世纪末和20世纪初法国著名女演员。

维克多·雨果称她为“金色声音”。让·科克托为她量身创造了“大明星”这个词。莎拉·伯恩哈特是那个时代最伟大的女演员。在长达20年的时间里，不断恶化的骨结核病折磨着她，70岁高龄时，她还接受了右腿截肢手术。1923年初春时，出于健康考虑，她不得不中断萨沙·吉特里[13]创作的电影《预言家》的拍摄。在亲朋好友的陪伴下，她在巴黎宾馆里度过了生命最后的日子。此时，莎拉·伯恩哈特的头脑依然清醒。对于那些耐心等在门口准备第一时间报道她去世消息的记者，她表示不屑一顾。然后，她确认了一遍香木棺材已备好，上面刻着她的座右铭：“随便怎样。”陷入昏迷前，这位悲剧女演员轻抚着年轻喜剧演员让·伊奈勒的头，悉心叮嘱道：只有懂得用充满爱意的方式接受一切偶然，才不枉活过一次。

---

[13] 萨沙·吉特里（Sacha Guitry，1885—1957），法国演员、导演、剧作家。

艾伦·金斯堡[14]

1997年4月5日

纽约

70岁

“我死在了天堂里。”

[14] 艾伦·金斯堡（Allen Ginsberg，1926—1997），被奉为“垮掉的一代”之父，堪称美国当代诗坛“怪杰”。

1997年2月，美国垮掉派诗人艾伦·金斯堡得知自己罹患肝癌，只剩6个月的生命。震惊之余，金斯堡却无所畏惧，他跟传记作者透露道：“不知为何，我此刻感到无比平静。”他曾为嬉皮士们提出“权力归花”口号，后来又皈依到藏传佛教徒创巴仁波切门下，成为一名虔诚的佛教徒。临终前，他把经济不宽裕的朋友们叫过来：“我命不久矣，是否需要接济你们？”就在几个月前，他以百万美元的高价把自己全部的手稿和往来信件卖给了斯坦福大学，在纽约东村置办了一套宽敞的Loft公寓。公寓里是金斯堡从救世军那里淘到的旧货家具，不料迁入新居的48小时后他便与世长辞。很显然，他喜欢甚至深深地迷恋这套公寓。他跟前来探望的朋友说觉得自己很幸运：艾伦·金斯堡没有离开，他活在自己的“天堂”里。

弗朗索瓦·拉伯雷[15]

1553年4月9日
巴黎
59岁到70岁之间

“我将去寻找更多可能性。”

[15] 弗朗索瓦·拉伯雷（François Rabelais，？—1553），文艺复兴时期法国人文主义作家。

尽管身处文艺复兴旋涡的中心，拉伯雷却是一位深谙平衡技巧的天才。他是笑剧大师，也是思想家；是饱学之士，也是深受欢迎的活动分子。他在书中猛烈抨击教皇的崇拜者，因此多部作品都以“无神论”的罪名遭到查禁。拉伯雷是人文主义新教徒，忠于耶稣之言，支持摒弃戒律。因此，对拉伯雷作品的双重解读总是层出不穷。他在《卡冈都亚》引言中这样写道：“‘最高妙的奥义’不在于钻研无法理解的教理，而在于能够自如地让荒谬之事站住脚，进而扩大生命的可能性。”拉伯雷最后的遗言既动人又不乏现代感。当我们剥离所有对死亡世界的神话描述或理论解读，它只是一个问号、一种焦虑、一扇心灵之门，从这里释放出无限可能。

巨人传

约翰·费茨杰拉德·肯尼迪[16]

1963年11月22日
达拉斯
46岁

——你可不能说我们达拉斯人民没有热烈欢迎你呀。

——是啊，当然不能！

[16] 约翰·费茨杰拉德·肯尼迪（John Fitzgerald Kennedy，1917—1963），美国第35任总统。

美国第35任总统约翰·费茨杰拉德·肯尼迪同夫人杰奎琳·肯尼迪乘坐林肯敞篷轿车视察达拉斯。中午12点半，车队驶过迪利广场。陪同参观的还有得克萨斯州州长夫人奈俪·康纳利，兴高采烈的她正想转过身去向总统夸赞市民的热情。极具讽刺意味的是：总统表示赞同的话音刚落，就被李·奥斯瓦尔德的第一颗子弹击中喉部——亚伯拉罕·泽普鲁德用镜头记录下了一切。这无疑是美国历史上最沉重、最神秘的政治刺杀案：从此以后，全体美国人民被迫进入了一个怀疑时代，他们坚定地认为一切都不可靠。

奥兰普·德·古热[17]

1793年11月6日

巴黎

45岁

“既然追求名望会招致死亡，为什么我还是想有所作为？”

[17] 奥兰普·德·古热（Olympe de Gouges，1748—1793），法国女权主义者、剧作家、政治活动家。

奥兰普·德·古热，女权主义革命家，1791年发表《女权与女公民权宣言》。她本人集典雅与高傲于一身，举止大胆，目光超前，积极为女性争取自由与人道。作为侯爵的私生女，她17岁被迫结婚、生子，19岁丧偶。从那时起，原名为玛丽·奥布里（婚前名：玛丽·古兹）的她决定不再触碰婚姻，并为自己重新选择一个充分体现社会地位的名字。18世纪80年代，她创作了一系列戏剧作品反对黑奴制度的《扎摩尔和米尔扎，或幸福沉船事件》。奥兰普倡导公共赋税，男女平等，呼吁女性受教育权，要求为失业者建立国有工厂。这位女权主义革命家追随法国大革命的脚步，同时她依然支持君主立宪制度。作为女权主义的先驱，她这样反驳国民议会："如果女性有登上断头台的权利，那么她也应该享有站到讲台的权利。"恐怖时代，狂热的吉伦特派女革命家被送上断头台。临死前，她留下一本小册子，声称对名望的追求让她落得如此下场，即便这样，她依然无愧于先驱的称号。

苏格拉底

公元前399年

雅典

70—72岁

“克利托，我们还欠医药神阿斯克勒庇俄斯一只鸡，记得还清这笔债。”

古希腊著名哲学家苏格拉底的临终遗言依然是个未解之谜，关于这一点，我们不必大惊小怪。其弟子柏拉图在《斐多篇》中，详细阐述了哲学大师之死的前因后果。苏格拉底被雅典民主制以“蛊惑青年”之罪判处死刑。朋友们劝他赶紧逃跑，苏格拉底却凛然拒绝。他先是高谈灵魂不朽，人死后灵魂的去向，然后泰然自若地将毒芹汁一饮而尽，渐渐地他觉得自己的腿失去了知觉，最后，他躺下静静地等待着死神的降临。临死前，他最后一次站起来提醒弟子，还一只鸡给医药神。克利托忙回答：“一定会的，您想想还有别的事情要交代吗？”苏格拉底却不再说话。正是这句遗言引发了后人无数的讨论。金鸡报晓，因此在希腊人眼里鸡也是灵魂得救的象征。苏格拉底通过这种形式表达对阿斯克勒庇俄斯的感激之情，是他治愈了自己的灵魂，使之不再受肉体的纠缠。尼采认为：比起肉体，苏格拉底选择了理性，因为他已经厌倦了生命，死亡反而是一种解脱。还有另一种解读：苏格拉底临终前提到医药神，是否意味着哲学除了追求真理，也可以治愈灵魂？

艾克托尔·柏辽兹

1869年3月8日

巴黎

65岁

“以后一定会有人演奏我的乐曲！”

在朋友巴尔扎克的建议下，柏辽兹在德国、英国乃至俄罗斯演出并获得巨大成功。唯独在法国，大家评论他的音乐过于随意，因为他颠覆了交响乐和配乐法的传统。他用圆滑的方式处理节奏与和声，带来了20世纪审美观的巨大变革，但在同行们看来，他的每一个音符都是那么刺耳。在作品受到各方抨击的同时，柏辽兹深受肠痉挛困扰。最终，1867年，其33岁的儿子去世，将这位音乐大师置于绝望的境地。周围的朋友都建议他去南法休养一段时间。他在尼斯短时间内病倒两次后，便重返伤心地——巴黎，从此闭门谢客。万念俱灰的他烧掉了音乐生涯中的所有记忆：乐谱、报刊文章、照片。生命马上走到尽头，他才重新开口留下这句苦涩的遗言，预言等他去世后，作品可以发扬光大。作曲家、乐评家奥斯卡·考麦当觉得他这位老朋友留下的遗言“悲恸又高尚”，也十分认同柏辽兹的预言。艺术家一般是同时代的超前人群，有时，只有等到他们去世后，人们才能发现其作品的价值。

乔尔丹诺·布鲁诺[18]

1600年2月17日
罗马
52岁

“我作为殉道者自愿赴死。我的灵魂将随着这缕青烟一起进入天堂。”

[18] 乔尔丹诺·布鲁诺（Giordano Bruno，1548—1600），意大利思想家、自然科学家、哲学家和文学家。

经教皇克雷芒八世授意，布鲁诺被关押在罗马严刑拷问了七年。在宗教审判所专制统治的背景下，布鲁诺是当时自由精神的象征人物之一：他是还俗教士，也是流亡的思想家，他用自由的哲学宗教活动来反对神学教义。也正因如此，他证明了世界的多样性——地球和太阳既不是宇宙间唯一的天体，也不是宇宙的中心。他主张泛神论，相信转世说，但对圣母洁净怀胎说持怀疑态度。他的一生有众多科学发现，除此之外，他还用现代意大利语写了第一本哲学著作。莎士比亚笔下聪明的魔法师普洛斯彼罗便是以他为原型。最终，由于布鲁诺拒绝放弃自己的观点，教廷以异端学说罪判处他死刑。行刑当天，乔尔丹诺・布鲁诺最后一次重申自己的清白。遭受了割舌之痛后，他被推进了罗马鲜花广场的熊熊烈火中：布鲁诺带着自己的著作被活活烧死。4个世纪后的今天，梵蒂冈已经为伽利略平反昭雪，而布鲁诺却成了永远的殉道英雄。

路易十六[19]	1793年1月21日 巴黎 38岁

“我要祈求上帝，在我的鲜血抛洒之后，法国的土地上再也不要流血了。”

[19] 路易十六（Louis XVI，1754—1793），波旁王朝国王。

国民公会把“公民路易·卡佩”送上断头台标志着法国大革命愈演愈烈。革命派虽然受到保皇派的威胁，但刚到手的权力让他们得意忘形，他们行为粗暴、自由放纵，举手投足间带有浓厚黑色英雄主义的色彩。与之形成鲜明对比的是，被处死的国王路易十六温和仁慈，文学造诣颇深，喜欢研究机械技术，却唯独没有政治才能。当然，他也不是19世纪共和国小说中描写的昏庸君王。这位国王临死前的表现让所有人，包括他的敌人心生敬佩：当历史洪流发出声声怒吼时，路易十六显得格外坚定。他心平气和地接受了死刑判决。敞篷四轮马车穿过整个巴黎把他送上断头台。车上，他一边拨念珠祈祷，一边询问消失在太平洋上的航海家拉彼鲁兹[20]的情况。登上断头台后，他挣脱了刽子手桑松的束缚，向聚集在断头台周围的群众说道：“我虽然得死去，但绝没有犯过任何指控我的罪行。我宽恕造成我死亡的人。我还要祈求上帝，在我的鲜血抛洒后，法国的土地上再也不要流血了。”以上就是国王唯一的反抗行为。他还想继续说些什么，但一阵隆隆鼓声盖过了他的声音，他便不再作声。几分钟后法国国王路易十六被斩首。随后到来的恐怖时代[21]，在激进政治和神圣罪业的双重压迫下，数万人被迫走上了新生共和国的“祭坛”。

---

[20] 拉彼鲁兹（La Pérouse，1741—1788），法国海军军官、航海家、探险家。1788年，拉彼鲁兹接受了路易十六之探索太平洋的委托。

[21] 恐怖时代（La Terrur，1791—1794），雅各宾派专政时期，在巴黎设置断头台，三年内被斩首的达数万人。

罗兰夫人[22]	1793年11月8日 巴黎 39岁

“自由啊，多少罪恶假汝之名以行！”

[22] 罗兰夫人（Madame Roland，1754—1793），法国大革命时期著名的政治家，吉伦特党领导人之一。

罗兰夫人品性忠诚、举止优雅，如同一朵伶牙俐齿的热情之花，她是歌德、司汤达、夏多布里昂笔下浪漫圣洁女性的代言人。她热心参加法国大革命的各项活动，以沙龙为根据地为吉伦特派出谋划策，同时也激发了其丈夫的雄心抱负，其丈夫一度在吉伦特派组成的内阁中任内务大臣，尽管也有人嘲讽他是其夫人的“传话筒”。罗兰夫人公开反对国王制度，表示奋起反抗才是“最神圣的任务”，对恐怖时期的各种罪行感到无比愤慨。狱中，她用5个月的时间完成了《回忆录》。最终，在宣判死刑当天被立即处决。在生命的最后时刻，她依然无畏无惧。她自幼通读普鲁塔克的《名人传》，希望同古希腊罗马英雄那样光荣地死去。临刑前，四轮马车带着她驶向断头台，途经为纪念1792年8月10日[23]建立的自由神像时，罗兰夫人留下了这句为后人所熟知的名言，高声控诉着违背自由理念的罪恶行径。

---

[23] 1792年8月10日，法国国王路易十六被逮捕，君主立宪派的统治结束了。

拉瓦肖尔

1892年7月11日
蒙布里松
33岁

“如果你想过得幸福／把地主绞死／把神父砍死／把教堂推翻吧。”

拉瓦肖尔的童年生活十分窘迫，欧仁・苏的作品为这位17岁的少年开启了反叛的大门。在圣艾蒂安，他靠干些洗染杂活谋生，日子依然穷困潦倒，随后他辞去工作，走上了杀人越货的犯罪道路。他先是逃脱了警察的追捕，然后在一个无政府主义分子的带领下，开始了“暴行宣传”活动。1892年3月，拉瓦肖尔在巴黎用炸弹袭击了一位法官和一位律师的住所。为此，他被送去进行强制劳动。加上之前的犯罪记录，拉瓦肖尔最终被判处死刑。在案件的诉讼过程中，这位犯罪分子的口才、智慧和勇气给人留下了深刻的印象—— 一位无政府主义作家形容他是“神灵降世”。登上断头台时，他轻声哼唱起《杜歇老爹[24]之歌》安慰自己。甚至把头放在铡刀上时，他借机呐喊道：“革命万……”这位革命者、“直接行动”第一执行人的肺腑之言久久不息。自此之后，无政府恐怖主义席卷了整个法国。直到1894年夏天，共和国总统萨迪・卡诺被刺杀，标志着这场运动走上巅峰。

[24] 杜歇老爹是法国民间戏剧中的角色，机智灵活、疾恶如仇，是法国人民喜闻乐见的艺术形象。

米萨克·马努尚

1944年2月18日

瓦莱里恩高地

37岁

“你根本不愿意跟我们一起来吧？真可惜。他们还想让你看看共产党人是如何视死如归的。”

亚美尼亚诗人、共产主义战士米萨克·马努尚于20世纪20年代逃往法国避难。在纳粹占领法国期间，共产主义事业转入地下状态，他加入了反法西斯组织FTP—MOI。作为巴黎地区的负责人，他策划了多次共产主义活动，其中包括处决德国将领尤里乌斯·瑞特的行动。1943年11月，纳粹的情报员大搜捕活动摧毁了这个地下党组织：马努尚在伊维–博迪–布尔格火车站被捕。23位反法西斯战士虽然藐视大巴黎德国军事法庭的权威，但在受尽酷刑折磨后最终全部接受了判决。1944年2月21日，他们被执行死刑。行刑当天的清晨，马努尚为了向狱警证明自己的信念坚不可摧，他器宇轩昂地走出了佛雷斯纳监狱。23人的FTP—MOI抵抗组织被纳粹称为“罪恶部队”，而其后他们的形象却随着一张张红色宣传单出现在全国的大街小巷。罪恶的矛头最终指向了纳粹集团：马努尚和他的战友们很快成为反法西斯英雄，并最终成为法国的传奇英雄。

埃内斯托·切·格瓦拉[25]

1967年10月9日
拉伊格拉（玻利维亚）
40岁

“开枪吧！懦夫，你要杀死的不过是一个男人。”

[25] 埃内斯托·切·格瓦拉（Ernesto Che Guevara，1928—1967），古巴共产党、古巴共和国和古巴革命武装力量的主要缔造者和领导人之一。

在阿尔贝托·柯达的镜头里他是传奇偶像，而在现实生活中这位古巴革命者始终保持一往无前的姿态。1959年，古巴革命胜利后建立了马克思主义专制体系，并效仿苏联走上了工业化道路。切·格瓦拉将权力转交给菲德尔·卡斯特罗后，全身心投入武装斗争中，先后前往刚果（金）、玻利维亚宣传革命活动。1967年10月7日，玻利维亚特种部队逮捕了这位游击队员。第二天，玻利维亚总统在CIA的支持下，决定立即处死格瓦拉，以免在公开审判时引起国际社会的关注。士兵马里奥·特朗收到了执行死刑的任务，他拖着沉重的步伐来到关押处。牢房里的切·格瓦拉依然目光如炬，这让他惶恐不安。他犹豫着，垂下眼睛，后退了几步。而切·格瓦拉深知自己已无路可逃，便鼓励这位胆怯的士兵扣动扳机。第一枪射中了格瓦拉的腿，他应声倒地，第二枪打在了肩膀上，最后一枪直击心脏。

乔治·雅克·丹东[26]

1794年4月5日

巴黎

35岁

"你们把我的头拿去示众吧。我的头是值得一看的！"

[26] 乔治·雅克·丹东（Georges-Jacques Danton，1759—1794），法国政治家、法国大革命领袖。18世纪法国大革命时期著名活动家，雅各宾派的主要领导人之一。

在乔治·雅克·丹东的字典里，绝没有胆怯二字：早先他还掌权时，总是在演讲时高喊勇敢、勇敢再勇敢的口号。恐怖时代，因反对推行恐怖统治而获罪的他毫不犹豫地接受了死刑判决。站在驶向断头台的马车上，他滔滔不绝地开骂起罗伯斯庇尔、法庭、政府和盲目的群众。看到断头台的瞬间，丹东颤抖了几下并低声说道：“我亲爱的妻子，再也见不到你了。”很快，他便恢复了镇定，与其他13个同伴一起受刑。轮到丹东时，他一步跨上断头台，请求刽子手向民众展示自己的头。刽子手桑松答应了。据法国剧作家安托万·文森特·奥尔诺回忆，周围的民众“带着恐惧与敬畏”，颤抖着重复着丹东最后的遗言。

劳伦·克里莫·德·拉海涅尔[27]

1837年12月25日

奥日河畔维利耶

79岁

"我马上就见到上帝了，我想和以前的死敌和解。"

[27] 劳伦·克里莫·德·拉海涅尔（Laurent Grimod de La Reynière，1759—1837），法国律师、作家、美食评论家。

他出身贵族，成为律师后，一直自愿坚持捍卫平民的利益；他是位作家，创作了《一个单身者关于乐趣的哲学思考》；他是个知识分子，法国大革命前夕，因为公开发表文章讽刺某位宠臣而被迫离开巴黎。但劳伦·克里莫·德·拉海涅尔最主要的身份，是现代美食之父。19世纪初法国大革命后，从前专为王公贵族做饭的大厨顿失依傍，只好跑出来以一技之长在市场上谋生。劳伦·克里莫·德·拉海涅尔见证了众多巴黎餐厅的诞生。他模仿戏剧评论的写作方式，在1803年到1812年期间推出了美食指南《老饕年鉴》，现在阿歇特出版社出版的蓝色指南便以此为蓝本。虽然劳伦·克里莫·德·拉海涅尔的超高规格宴会十分出名，但他并不只是个锦衣玉食的饕餮之徒，而是位伟大的美食家。因为他用享受的态度尝试一切，甚至在临死的前一天，他还津津有味地品尝了一杯水。

艾德蒙·罗斯坦德[28]

1918年12月2日

巴黎

50岁

“现在有点早！”

[28] 艾德蒙·罗斯坦德（Edmond Rostand，1868—1918），法国诗人、戏剧家。

艾德蒙·罗斯坦德算得上是第一次世界大战的最后一个受害者。在莎拉·伯恩哈特剧场后台重排庆祝停战的剧作《雏鹰》时，这位第三共和国的剧作家不幸受凉。当他全身发抖回到家后，开始出现发烧症状。经诊断，他患上了西班牙流感病毒引起的肺炎，周围的朋友一直隐瞒病情。直到看见辅助呼吸用的氧气瓶，艾德蒙顿时明白了自己病情的严重性。当时，他即将翻译完歌德的著名诗剧《浮士德》，便对周围的人怒吼道："为什么不告诉我实情？我还有好多事没做。"突然他觉得十分难受，便停下手头的工作，死神正在一步步逼近。艾德蒙笔下的大鼻子情圣西哈诺，每当别人嘲笑他鼻子太大时，他总反驳道："我还觉得有点短呢！"艾德蒙的临终遗言似乎在用一种奇怪的方式，回应着西哈诺的这句台词。

文森特·凡·高

1890年7月29日
奥威尔镇（瓦兹省）
37岁

“有什么用呢？悲伤即人生。”

那天的凡·高异常烦躁。他在瓦兹省奥威尔镇的田间散步，把画具放在麦田里后，却用手枪朝自己的胸口开了一枪。好在子弹避开了心脏，他摇摇晃晃地走回了客栈，把自己关在房间。傍晚，旅店的老板发现了奄奄一息的凡·高，他正面朝里躺在床上。当地的医生无法取出嵌在脊柱上的子弹，只能用绷带进行简单的包扎。第二天，弟弟提奥闻讯从巴黎赶来。凡·高跟他说道："一事无成啊。"提奥哽咽着用母语荷兰语跟他聊了很久，并保证一定会救他。这位生前只卖出一幅画的画家答道，活下来只会更痛苦，因为"悲伤即人生"。凌晨1点30分，凡·高静静地离开了人世。精神病专家针对凡·高的精神病展开了激烈的讨论：是精神分裂，是双相性精神障碍，还是铅中毒？但这些论证都缺乏证据支持：凡·高的亲笔书信和画作表明，他是世界上最专注、最有智慧、最严谨的人。导演莫里斯·皮亚莱特在为凡·高拍摄传记影片之前，在《我们的爱》中这样解释他的遗言："我认为他是想说，别人的人生是悲伤的。你们不这么认为吗？真正悲伤的是你们啊。"

科特·柯本[29]

1994年4月5日
西雅图
27岁

“我已没有任何激情了。要记住：与其苟延残喘，不如从容燃烧。”

[29] 科特·柯本（Kurt Cobain，1967—1994），美国已故著名摇滚歌手，经典摇滚乐队Nirvana涅槃乐队的主唱兼吉他手，乐队灵魂人物，词曲创作人，死后被乐迷誉为圣人。

被母亲抛弃的少年柯本有时只能在自己出生的私人诊所里过夜。后来他组建了震惊世界的邋遢摇滚乐乐队——涅槃乐队，并担任主唱。取得巨大成功后的他整日为欺骗感所折磨，因此加入了“27岁俱乐部”，这个俱乐部汇聚了众多27岁去世的摇滚巨星（詹尼斯·乔普林、吉米·亨德里克斯、布赖恩·琼斯以及后来的艾米·怀恩豪斯）。最终，注射了过量的海洛因后，柯本举起猎枪朝自己的头部开了一枪。在留给粉丝、妻子科特妮·洛芙和女儿弗朗西斯的信中，他这样自嘲道：“我是一个略为忧郁的、敏感的、不领情的、双鱼座的耶稣式人物。为何不知足呢？我不知道！”他把著名前辈尼尔·杨的邋遢摇滚神曲《Hey hey my my》里的一句歌词奉为临终信条，歌词里这样唱道：“It’s better to burn out than to fade away.”（与其苟延残喘，不如从容燃烧。）尼尔·杨对柯本的死感到震惊无比，几个月后，亲自打造了名为《与天使共枕》的音乐专辑献给这位英年早逝的摇滚巨星。

耶稣·基督

犹太复活节前夜
28或29年
耶路撒冷
33岁

“我的神，我的神，为什么离弃我？”

马太福音和马可福音详细记载了基督被钉在十字架上受难的情景。随着罗马帝国皈依基督教，耶稣的遗言对人类历史产生了深远的意义。实际上，这声绝望的呐喊像一把尖刀一样，在西方人的心理政治无意识形态中留下了永远无法修复的伤痕。基督教里上帝造人后却被用最惨无人道的方式，像罪犯一样被钉死在十字架上。同时，基督教也塑造了一个深感悲伤绝望的形象：一个自暴自弃的神。黑格尔解读精神历史时表示，“上帝已死”在十字架上。尼采也扩大了这句遗言的影响力。伴随着这个揪心的问题，大多数西方人过着一种前所未有的缺乏安全和保障的生活。贝克特[30]总结道：“自由就是被抛弃。”

[30] 塞缪尔·贝克特（Samuel Beckett，1906—1989），爱尔兰作家，创作领域包括戏剧、小说和诗歌，尤以戏剧成就最高，代表作《等待戈多》。

居伊·德·莫泊桑

1893年7月6日

帕西

42岁

“黑暗啊！黑暗！”

梅毒、乙醚成瘾、精神错乱（他的哥哥也患有精神疾病）将居伊·德·莫泊桑折磨到疯狂的地步。1892年1月，两次自杀未遂后，他被关在了巴黎帕西的白朗希大夫的精神病诊所里。在那里，莫泊桑常常对着墙胡言乱语："我要把梅毒传染给上帝，使其灭亡。"1893年夏天，昏迷了整整6天后，仿佛回光返照般，他清醒地指出人类生活的黑暗属性。莫泊桑似乎是想最后一次重申作品的主旨。在300多部中短篇小说中，他不是一直把悲惨塑造成当代社会的标签吗？莫泊桑笔下的人物不都是在追求幸福的道路上被厄运击垮吗？对《奥尔拉》的作者而言，希望不断落空变成失望，日常生活中的苦难不断加重，让生命这场闹剧更加凄惨。总之，黑色的，生命是黑色的。

约翰·沃尔夫冈·冯·歌德

1832年3月22日
魏玛
82岁

"多给我一些光明！"

有太多人不断重复、评论、赞颂浪漫主义大师最后的遗言："Mehr licht！"（多给我一些光明！）因此，在我们看来这句遗言自带光环。有人嘲讽道，歌德当时只是想让人打开百叶窗透光而已，而非呼唤更多宇宙真理。这种戏谑的说法与歌德的身份相去甚远，把这句遗言当作一个普通要求就是忽略以下事实。诗人曾经对弟子表示他一直在追求光明，并在《颜色论》中描述光明的"纯洁与真实"。在其临终前的诗作《幸福的渴望》中，诗人以飞蛾扑火为依据，找到了"死与变"的伦理，成功地把我们从"黑暗的尘世"中解救出来。另外，为什么非要将无科学根据的简单猜想——"房间太昏暗了！"同精神本能——"多给我一些光明！"对立起来？外部感觉和内心感受难道不能共存吗？多么伟大而浪漫的寓意：人世间的光明与精神上的光明，现实与理想一语双关，最终汇成了同一句话。

古斯塔夫·马勒[31]

1911年5月18日
维也纳
50岁

“莫扎特儿！莫扎特儿！”

[31] 古斯塔夫·马勒（Gustav Mahler，1860—1911），奥地利杰出的作曲家及指挥家。

1891年1月，马勒在布达佩斯歌剧院指挥的《唐璜》大获成功。勃拉姆斯在给他的信中赞叹不已："我从此刻才算真正听过了莫扎特。"这时马勒在乐坛初露锋芒：他还没有着手创作喧闹交响乐、复调交响乐、豪华交响乐。马勒割裂了与浪漫主义音乐的纽带，深刻地影响了勋伯格[32]、韦伯恩[33]、贝尔格[34]等人，开启了20世纪音乐的新纪元。这位敏感、痛苦的音乐家不懈追求纯粹艺术，却始终与"上帝宠儿"阿玛迪斯保持着一段隐秘的关系。临终前，马勒全身感染（亚急性细菌性心内膜炎），他的妻子爱尔玛照顾左右。最后，他抬起手指似乎在指挥一支看不见的乐队，说出了生命中的最后几个字——"莫扎特儿！莫扎特儿！"在奥地利语中，词末加"儿"是一种昵称。也许，这是莫扎特强大的感染力最后一次赋予马勒力量和支撑，让他穿越生与死的风暴潮。

[32] 阿诺尔德·勋伯格（Arnold Schoenberg，1874—1951），美籍奥地利作曲家、音乐教育家和音乐理论家，西方现代主义音乐的代表人物。

[33] 安东·冯·韦伯恩（Anton von Webern，1883—1945），奥地利作曲家，师从于勋伯格，与勋伯格、贝尔格组成新维也纳乐派。

[34] 阿尔班·贝尔格（Alban Berg，1885—1935），勋伯格高徒，与勋伯格、韦伯恩开创"新维也纳乐派"，表现主义音乐的代表人物。

保罗·塞尚	1906年10月22日 艾克斯（普罗旺斯） 67岁

“庞迪埃！庞迪埃！”

塞尚变革了20世纪的艺术。他摒弃了重现现实的作画手法，用生动直接甚至略带沉思意味的笔触定格现实的存在。所以，人们也把这位圣维克多山画家看作当代智者。塞尚一生功德圆满，但有一件事情除外：其临终遗言虽然不能全面否定圆满说，但至少说明他的人生里还有遗憾。在给朋友的信中，他这样写道，“我发誓要握着画笔死去”。为了完成《椴树下的瓦利艾》，他连续数小时在户外画画，肺炎复发让他精力全无。回家一躺在床上，他就开始大叫那个可恶的名字亨利·庞迪埃。庞迪埃是谁？他是普罗旺斯艾克斯格拉耐美术馆馆长，他表示不论现在还是将来都不允许塞尚的作品在本馆展出，尽管这里的藏画陪着塞尚度过了早年的学习阶段。这件事在他心里留下了无法修复的伤痕。塞尚临终前的表现告诉我们，有些艺术家只有执起画笔作画时，才会进入一种世俗的圣洁境界。一旦放下画笔，就变回了会记仇的普通人。

米哈伊尔・巴枯宁[35]	1876年7月1日 伯尔尼 62岁

"我什么都不需要，我已经完成了我的使命。"

[35] 米哈伊尔・亚历山大罗维奇・巴枯宁（俄语：Михаил Александрович Бакунин，1814—1876），俄国思想家、革命家，著名无政府主义者，有"近代无政府主义教父"之称。

这是一位疲惫不堪的俄国革命家。深受肾机能不全的折磨，他知道自己命不久矣。1849年，巴枯宁加入了德累斯顿人民革命运动，并成为主要成员。革命以失败收场，巴枯宁也被判回到俄国强制劳动，12年的苦役劳动让他未老先衰。这位倡导极端自由社会主义的理论家高度赞扬毁灭的“创造性”力量。他是第一国际中马克思最强劲的敌人。他反对国家意志，认为应该由工人阶级统治人民，他还是彻底的无神论拥护者：如果说上帝不存在的话，每个人的自由却是真实存在，而且个体自由只能从集体自由中获得。正因如此，这位革命家推开递在眼前的食物，留下了这句安慰别人的遗言。他说他完成了自己的使命，并不是特指完成了某个行动或者某本著作，而是在强调自己的参与感。投身历史洪流中并积极发声，正是在这种天性的驱使下，他把自己的命运和时代精神结合起来，以优雅明智的姿态告别全世界。

列奥纳多·达·芬奇	1519年5月2日 昂布瓦斯 67岁

"我冒犯了上帝和芸芸众生，因为我的作品尚未尽善尽美！"

说这句话的人是文艺复兴时期公认的“天才”，他是《蒙娜丽莎》《最后的晚餐》的作者，是众多科学发现的先驱者，是众多工程的缔造者，是那个时代家喻户晓的人物。这样看来，这则遗言岂不是有卖乖弄俏之嫌？事实并没有我们想象的那么简单。在《达·芬奇的童年回忆》一书中，弗洛伊德向我们揭开了谜底。他用精神分析法对达·芬奇的童年梦境（一只秃鹫用尾巴撞开了他的嘴唇，并不断撞击他的嘴）进行解析。由此，弗洛伊德在他身上发现了一种“未完成的典型性”，更准确地说，是“升华”的典型性：孩子在关于自己（性）起源的探究过程渐渐转变成一种真正的“求知欲”。这种求知欲的核心不在于完成一部作品，而在于不断求索。事实上，达·芬奇有十几幅画、技术草图和设计尚未完成。也正因如此，他达到了一个前所未有的高度：精益求精才是他的目标。追求无穷与“未尽”，生命永远是未完成时。

路德维希·维特根斯坦[36]

1951年4月29日

剑桥

62岁

"告诉他们，我的一生很幸福。"

[36] 路德维希·维特根斯坦（Ludwig Wittgenstein，1889—1951），犹太裔奥地利裔英国作家、哲学家。

维特根斯坦是20世纪最具影响力的哲学家之一。不过他并不是终日泡在图书馆里的老学究：他著书立说揭开了语言歧义的奥秘，他的一生波澜壮阔、跌宕起伏。第一次世界大战时，本是航空工程专业出身的他积极入伍，并在战场上完成了标志语言哲学转向的《逻辑哲学论》。他从父亲那里继承了巨额遗产，却全部用来资助像里尔克这样的艺术家。他当乡村教师受挫后，想过进入修道院做修道士，又用两年的时间依照现代主义建筑原则，为姐姐设计建造了一处宅邸。回到剑桥任教一段时间后，他选择远走挪威。在那里建了一间小木屋，蛰居潜心研究哲学，并在两年后，完成了《哲学研究》一书。1949年，得知自己身患前列腺癌后，他没有意志消沉，转而投身色彩理论的研究，着手《论确实性》的写作。回顾维特根斯坦的一生，一种永不满足的精神驱使他做出各种改变。他不忘初心，最后的遗言以及每一句细微话语里倾注的心血就是最好的证明。思考、试验和发现其中的无穷乐趣，维特根斯坦一直深有体会。所以临终前几个小时，他说出了这句质朴的临别箴言。

拿破仑·波拿巴	1821年5月5日 圣赫勒拿岛 51岁

"法兰西……军队……冲啊。"

拿破仑临终前谵妄病发作喊出的最后一句话令人印象深刻。它简单地概括了第一共和国将领的戎马一生。远征埃及、意大利，1799年发动政变夺权，35岁加冕称帝。自那时起，帝国疆域不断扩大，一时间，巴塞罗那、罗马、阿姆斯特丹都成了法兰西帝国行省首府所在地。直到1815年6月，滑铁卢之战为拿破仑的征战历程画上了句号。他身后的法兰西发生了翻天覆地的变化却也满目疮痍。为了逃避复辟国王路易十八的惩罚，拿破仑向英国人投降后被流放到圣赫勒拿岛。在这里他开始撰写回忆录，直到6年后疑似死于胃癌。在充满英雄幻想的新一代人眼中，拿破仑是“伟人”一词的原型：他能够象征历史精神，并在历史画卷上浓墨重彩地描绘自己的意志。

克洛泰尔一世

561年

贡比涅

64岁

“哎！是哪位上帝要置世间最强人的国王于死地！”

克洛泰尔一世对史前法国产生了决定性影响：他去世时，法兰克王国达到鼎盛，领土涵盖了整个高卢地区和现在德国的一部分。同时，作为克洛维的儿子，克洛泰尔还是一位粗暴无情的国王。他杀死了三个侄子走上国王之路，烧死了举兵反叛的亲儿子完成法兰克王国大一统，连妻子和女儿也难以幸免。虽然父亲克洛维是第一位皈依基督教的法兰克国王，克洛泰尔自己也十分拥戴正统基督教的捍卫者——查士丁尼大帝，但这并不妨碍他的世界观有几分异教徒的色彩。然而，这位墨洛温王朝国王的遗言中，却又明确否认了期限的存在，他又转而相信正统基督，幻想拿到上帝的免死金牌：今天，我们把这称作对无限权力的幻想。即使国王也没有被赋予超自然的特权，死神从未如此完美地诠释过幻想“收割机”的角色。

简·奥斯汀	1817年7月18日 温彻斯特（汉普郡） 41岁

“只需要死亡。”

简·奥斯汀的一生朴实无华，充满神秘。36岁那年，她以匿名的方式出版了15年前完成的《理智与情感》，该作品一扫18世纪充斥英国文坛的“感伤主义”阴霾，为英国文学注入了现实主义的新鲜血液，开启了英国小说的现代主义之路。简·奥斯汀擅长描写日常生活、内心情感和压抑的社会机制。身为牧师的女儿，与生俱来的骄傲阻碍了她寻找真相的脚步，她的理智高于情感，她惯用的讽刺手法打破了资产阶级因循守旧的惯例。在她看来，谦恭是最基本的美德。简·奥斯汀不想把小说当成自说自话的工具。40岁那年，她不幸患上结核病引起的肾上腺机能不足。在最后的18个月里，她强忍着疲惫和病痛，笔耕不辍地完成了几部小说的写作方案，有时还不忘调侃一下自己每况愈下的病情。去世前一晚，病痛的折磨让她肝肠寸断，姐姐卡桑德拉问她需要什么。她干脆地答道：“只需要死亡。”如同只凭经验进行接骨治疗的感受：死亡真的来了。半个小时后，死神带走了这位伟大的英国女作家。

菲利普·拉古-拉巴特[37]

2007年1月28日

巴黎

66岁

"一种类似布鲁斯的东西。"

[37] 菲利普·拉古-拉巴特（Philippe Lacoue-Labarthe，1940—2007），法国哲学家、文学评论家、翻译。

菲利普·拉古–拉巴特是同时代最出色、最低调的哲学家之一。从荷尔德林[38]到尼采再到海德格尔[39]，他一直在探寻浪漫派和悲剧派之间荒谬的辩证关系。在挚友克莱尔·南希的陪伴下，拉巴特在医院的氧气帐里度过了人生最后的时刻，终因呼吸机能不足离世。他跟她说觉得“不舒服”。“哪里不舒服，身体不舒服还是心里不舒服？”他答道：“一种类似布鲁斯的东西。”这样的话出自一位哲学家之口格外令人震惊，除哲学以外，他也把音乐当成思想。据他的学生艾维托·罗内尔解释道，在细致研究瓦格纳的音乐作品后，拉巴特发现20世纪欧洲人狂躁情绪正源于此，而他钟爱美国黑人音乐是针对拜罗伊特[40]大师的“对位[41]”良药。与瓦格纳营造重重幻影、催生新兴人类的“纯艺术作品”相反，布鲁斯是一种连续性的“即兴改编”创作，起源时间点分散，以呼唤和应答为经典演绎形式，像激烈跳动的脉搏萦绕在我们周围，把呜咽与陶醉，痛苦与解脱，如影随形的点点毁灭与即将到来的彻底灭亡统统糅合在一起。布鲁斯那随意的旋律，如清风明月般闲适。

---

[38] 弗里德里希·荷尔德林（Johann Christian Friedrich Hölderlin，1770—1843），德国著名诗人，古典浪漫派诗歌的先驱。

[39] 马丁·海德格尔（德语：Martin Heidegger，1889—1976），德国哲学家，20世纪存在主义哲学的创始人和主要代表之一。

[40] 拜罗伊特（Bayreuth），德国东南部城市，德国作曲家瓦格纳1872年来此定居，死后葬于此。每年七八月在此举行瓦格纳音乐节。

[41] 对位法是在音乐创作中使两条或者更多条相互独立的旋律同时发声并且彼此融洽的技术。

路易·费迪南·塞利纳[42]

1961年7月1日
默东
67岁

“好了，结束了。我们走吧：去海上。某个……遥远的地方……”

[42] 路易·费迪南·塞利纳（Louis-Ferdinand Céline，1894—1961），法国小说家、医生。

塞利纳弥留之际跟妻子说“结束了”，他指的是写完了小说《里戈东》。这是继《从一个城堡到另一个城堡》《北方》之后德国三部曲的最后一部，小说讲述了作者1945年逃亡途经德国，感受到了笼罩在德意志帝国上空没落衰颓的气息。相比之前的作品，这部作品中的自我剖析更加丰富。如果说塞利纳临终前说的结束是指小说的完成，出人意料的是仅仅几分钟后，他便因脑部出血蜷缩着倒在默东家里的沙发上。有人说这只是个巧合。但他背后却隐藏着令人惶恐的现实，心向往之，行未能至。塞利纳走了。他去了海上，还是某个遥远的地方？

让·巴蒂斯特·格勒兹[43]

1805年3月21日

巴黎

79岁

“如果你想描绘死神的模样，就想象一下有位母亲为了抛弃孩子，先哄他们入睡的场景吧。”

[43] 让·巴蒂斯特·格勒兹（Jean-Baptiste Greuze，1725—1805），法国画家。

让·巴蒂斯特·格勒兹是启蒙时代最伟大的画家之一。作为新教徒，他与当时占主流的洛可可艺术划清界限，以日常生活中的感化场景为题材，创作了许多启发性作品：《给孩子读圣经的父亲》《亲爱的母亲》《忘恩负义的儿子》。狄德罗称赞他开创了“伦理画”的先河。100多年后，于斯曼[44]在《逆流》一书中通过虚构人物德塞森特，嘲讽了这类“虚伪的廉耻之心”以及其他“无聊的说教之辞”。临终前，格勒兹字字珠玑地向朋友巴泰勒米描绘了死神的模样：像一位残忍的母亲，在最应该保持清醒的时候失去了理智。

[44] 于斯曼（Joris-Karl Huysmans，1843—1907），法国小说家。

阿尔弗雷德·德·缪塞

1857年5月2日

巴黎

46岁

“睡觉……终于，我要睡着了……”

抒情诗《四夜》和小说《勿以爱情为戏》是作者本人罗曼蒂克式痛苦的真实写照。他与女作家乔治·桑的爱情故事轰轰烈烈。缪塞的文风狂热浓烈。他以激情饱满的姿态迎接人生，却抑郁消沉而终。用现代人的话说，就是缺乏韧性。另一方面，主动脉畸形引起的血液循环不畅造成了他身体不适，最后几年，酒精、吗啡、氯仿摄入过量加重了病情。又一次昏厥后，人们询问他是否难受，他坦然地把死亡当成解脱：等待已久的休眠。几天前，洗热水澡减轻疼痛时，缪塞说道："安静真好。人们大可不必如此害怕死亡，它不过是最高形式的安静。"

雅克·夏多纳[45]

1968年5月29日
塞纳河畔拉夫雷特
84岁

“文字像鸟一样飞走了，找再也找不到了。”

[45] 雅克·夏多纳（Jacques Chardonne，1884—1968），原名Jacques Boutelleau，法国作家。

雅克·夏多纳和保罗·莫朗是公认的轻骑兵派[46]的精神领袖。雅克·夏多纳积极推进反对派文学家的当代特色建设：感伤时光飞逝和传统缺失，秉持对流亡生活的幻想，用坚定果敢的生活姿态和洒脱不羁的表达方式，描绘了一个个向往纯粹的爱情故事。《空想集》《幻想集》《感伤的宿命》是作者在民主乱世环境中对生命的美好想象。因此，雅克·夏多纳的临终遗言也颇具大家风范。他说，曾经用羽毛笔写下的文字展翅起飞、盘旋。它们如有神助逃脱“死神”的魔掌。它们在歌唱生命之凄凉轻薄。

[46] 轻骑兵派（Les Hussards）是20世纪五六十年代发展起来的文学流派，主张反对存在主义，反对萨特倡导的介入文学，因罗歇·尼米埃的《蓝色轻骑兵》一书而得名。

马塞尔·普鲁斯特

1922年11月18日
巴黎
51岁

“现在我可以死了。”

1906年，普鲁斯特开始着手《追忆似水年华》的写作，第二卷于1919年问世。自幼身体孱弱的他清楚去日无多，便全身心投入写作中。从此过上了与世隔绝的隐居生活，昼伏夜出。每天除了到丽兹大酒店吃晚饭或者到声色场所放纵一番，他几乎不出门。好在他钟爱的女仆赛莱斯特·阿尔巴雷一直相伴左右，她是位情感细腻的农妇，负责照顾普鲁斯特的饮食起居，倾听他的心声，整理散落在床间的手稿。就这样，普鲁斯特在三年的时间内完成了意识流开山之作的后五卷，出版后震惊世界文坛。1922年春天，他跟赛莱斯特说："今晚，我写下了'终'字。现在我可以死了。"秋天，因受寒导致支气管炎发作，他却拒绝治疗。自此之后，在赛莱斯特的陪伴下，普鲁斯特夜以继日地润饰修改第五卷《女囚》和第六卷《失踪的阿尔贝蒂娜》，直至心力交瘁溘然长逝。第二天早晨，赛莱斯特亲手合上了蓝颜知己的眼睛。如同《追忆似水年华》的叙述者，表面上看普鲁斯特蹉跎一生，但实际上他过得无比丰盈充实：他把自己的生命历程改编成一部鸿篇巨著，并从中发现生命的奥义。他找回了逝去的韶光。所谓韶光不是时针上跳动的时间，而是过去、现在和将来合而为一，救赎我们的真实时光。

杰拉尔·德·奈瓦尔[47]

1855年1月26日

巴黎

46岁

“今晚不要等我了，夜是黑色的，也是白色的。”

[47] 杰拉尔·德·奈瓦尔（Gérard de Nerval，1808—1855），法国作家、诗人，浪漫主义代表之一。

1855年1月24日，这位浪漫主义诗人在给家人的信里如是说，信末还署上了自己的真名杰拉尔·拉布吕尼。奈瓦尔居无定所、四海为家，有时在街上游荡，有时在咖啡馆里写作。那天巴黎飘着雪，他因流浪罪锒铛入狱。25日早晨朋友来领他，奈瓦尔谢过后婉拒了他人的资助。而后，他就消失了。第二天天蒙蒙亮，人们在阴森老路灯街街头发现了他，他已经用皮绳系在窗棂上吊死了，这里是未来的莎拉·伯恩哈特剧院，后成为夏特莱巴黎剧院。一年后，波德莱尔在给爱伦·坡的作品集序言中追忆这位老友道："他在他所能找到的最黑暗的街上解放了自己的灵魂。"这样的描述与《幻象集》作者的遗言遥相呼应。

亨特·S.汤普森[48]

2005年2月20日
伍迪克里克（科罗拉多）
67岁

“你放轻松——这不疼。”

[48] 亨特·S.汤普森（Hunter Stockton Thompson，1937—2005），全名亨特·斯托克顿·汤普森，美国传奇作家，“刚左”新闻（Gonzo Journalism）开创者，被《纽约时报》称为“Blog精神教父”。

亨特·S.汤普森的一生可谓离经叛道。性格乖戾，喜欢就出人意料的危机发表言论，才华横溢都是他的标签。20世纪60年代，他开创了“刚左”新闻（Gonzo Journalism），通过设立一个沉迷毒品的虚构人物，把自己的亲身感受写入新闻。汤普森深入报道自己在“地狱天使”摩托车俱乐部一年的经历，受到了摩托车党的打击报复，他发表了《赌城憎恨》，甚至还在服用迷幻药后采访了总统尼克松。他的身体状况一日不如一日，几个月后，只能借助轮椅出行。他从不回避死亡这个话题。2005年2月16日，在给年轻的妻子阿尼达的信中，他这样写道：“对于任何人来说都不好玩了。67岁。你开始变得贪吃，循规蹈矩。你放轻松——这不疼。”四天后，他坐在打字机前与妻子通电话，心平气和地说着一些无关紧要的小事，隔壁房间里是来探望他的儿子一家人。这时，汤普森把子弹上了膛，朝自己的脑袋开了一枪。这冷静疯狂、彻底解放的一枪给了喜欢他的人致命一击。

奈伊元帅

1815年12月7日

巴黎

46岁

“从25年前我就已经习惯了面对枪林弹雨，你们不知道吗？”

从法国大革命到拿破仑出征，米歇尔·奈伊一直是英雄的化身，时刻准备着与士兵们一起冲锋陷阵、浴血奋战。拿破仑1804年封他为法兰西元帅，并称赞他是“勇士中的勇士”。1814年巴黎沦陷后，奈伊元帅无法继续忍受帝国“暴君”的行径，选择投靠了波旁王朝。但在百日王朝复辟期间，他又回到了拿破仑身边。在随后的滑铁卢之战中，勉强逃过一死。波旁王朝再次复辟后，国王路易十八下令审判重回拿破仑麾下的军官，奈伊元帅被判执行枪决。临刑前，有人建议他蒙住眼睛。元帅一口拒绝并对瞄准的士兵们说道，他了解直面死亡的感觉。“朝胸口开枪吧！”他补充道。

赖内·马利亚·里尔克

1926年12月30日

蒙特勒

51岁

“我想用自己的方式死去，不想用医生的方式死去。”

1924年，里尔克在瑞士缪佐特居住期间完成了《玫瑰集》。诗人无意间被玫瑰刺刺破手指，几个月后他就病倒了：小伤口迅速感染是白血病的征兆，正是这种疾病让诗人在弥留之际痛苦不堪。对死亡的思考一直是里尔克作品的基本主题，更确切地说，“每个人身上都含有伟大的死”[49]和“它是万物围绕着旋转的果实”[50]。在《献给奥尔甫斯十四行诗》中，诗人写到迎接缠附在我们身上日渐成长的死亡之花，并不意味着否定生命，相反，这是最大限度地接受它。他还表示，唯有在“旷野”[51]中前行，才能远离“被人阐释的世界”[52]。所以里尔克在生命的最后时间里拒绝医生治疗，针剂虽能止疼，但也剥夺了他直接感受生命最重要体验的权利。

[49] 里尔克《祈祷书》。

[50] 同上。

[51]《杜伊诺哀歌》第八首。

[52]《杜伊诺哀歌》第一首。

尚福尔

1794年4月13日
巴黎
53岁

“这就是笨手笨脚的代价，我这辈子一事无成，连自杀都失败了！”

尚福尔本名塞巴斯蒂安·罗什·尼古拉，法国大革命时期道德家、革命家。革命爆发后他加入了雅各宾派，积极撰写文章及政治宣传小册子，语言辛辣、尖刻、机智，唯独缺少《格言与思想集》里强调的那种谨慎的善意。在随后到来的恐怖时代，他数次遭受牢狱之灾。1793年9月，他被送入监狱，两天之后被释放。11月，再次收到紧急逮捕通知。尚福尔便萌生了自杀的念头，原本想朝自己头部开一枪，却没成想只打伤了鼻子和下巴。他又抓起裁纸刀疯狂地划向自己的喉咙，却以没伤到动脉告终，胸部和大腿只受了些皮外伤。倒在血泊里的他跟闻讯赶来的士兵说道："我是个自由人，休想再让我活着进监狱。"最终士兵们没有把他带走。5个月后，尚福尔因伤势过重去世，临终前，还不忘用黑色幽默的口吻调侃自己笨手笨脚。

奥诺雷·德·巴尔扎克

1850年8月18日

巴黎

51岁

“叫比安松医生来！只有比安松医生能救我！”

比安松医生是《人间喜剧》中的人物，他谨慎又仁慈，救治过高老头、贝姨、伏脱冷和吕邦泼雷的情人，所以巴尔扎克在临终前几个小时仍呼喊着比安松的名字！这时的他已经心如死灰：在俄国与韩斯卡夫人结婚回到法国时，雨果形容他“已婚、富有、死气沉沉”。这位朋友在他去世当夜赶去探望。呼吸困难，过量摄入咖啡、酒精和熬夜超负荷工作带来的心脏问题，是造成巴尔扎克死亡的主要原因。另外，他腿部还患有坏疽症。所有的医生表示无能为力并拒绝出诊。如同所有的大文豪，巴尔扎克笔下的人物栩栩如生，以至于作者在气息奄奄之时，还呼喊书中医生的名字。

纪尧姆·阿波利奈尔[53]

1918年11月9日
巴黎
38岁

"我想活下去……我想活下去。我还有那么多的事情要做。"

[53] 纪尧姆·阿波利奈尔（Guillaume Apollinaire，1880—1918），法国诗人。

1916年3月17日，一枚炮弹在20米远的地方爆炸，阿波利奈尔——确切地说是考托维斯基上尉——正在战壕里静静地读着《法兰西信使》。5月9日，由于头部受伤，他被送到巴黎进行手术。也正是这一天，诗人的作品集《被杀害的诗人》出版问世，诗集封面插画是一个头部流血的骑兵。头部重伤虽不致死，却让他的身体状况大不如前。1917年，阿波利奈尔发明了“超现实主义”这个词，同年，因肺充血与死神擦肩而过，却没能逃脱西班牙大流感的魔掌。高烧不退的诗人因惧怕死亡，垂死挣扎了整整五天。阿波利奈尔苦苦哀求医生救他，才说了遗言里的那些话。他下葬的时候正值“一战”停战日：德意志皇帝纪尧姆二世宣布退位。当阿波利奈尔的灵车穿过巴黎时，到处可以听到：“纪尧姆死了！”

葛饰北斋[54]

1849年5月10日
江户
89岁

"倘残延五载，吾始堪称真画工。"

[54] 葛饰北斋（Katsushika Hokusai，1760—1849），日本江户时代的浮世绘画家。

葛饰北斋的一生与艺术有不解之缘。他精研各种流派，尝试不同风格，大胆将西方绘画技巧引入日本木版画，其丰富的漫画作品获得了巨大的成功。他善于捕捉自然事物最有生机、最原始的力量，凡·高、莫奈、德彪西从他的作品中汲取了无数灵感。然而，葛饰北斋生命中的最后10年却是穷困潦倒的10年。这10年里，他改用“画狂老人”这一画号为作品署名，坚持每天早晨完成一幅作品。风烛之年他还在不断求索。“70岁以前所画，即《神奈川冲浪里》之前，实不足取。90岁更穷极奥义。110岁臻于神妙。”是他对自己漫长绘画生涯的总结。因此，弥留之际的慨叹既非意识模糊，也非装腔作势，而是遗憾来不及到达完美圣洁之境。

塞扎尔·弗朗克[55]

1890年11月8日

巴黎

68岁

“主会让我在天堂完成《圣母赞歌》。”

[55] 塞扎尔·弗朗克（Cesar Franck，1822—1890），法国作曲家、管风琴奏演家。

在法国音乐历史上，塞扎尔·弗朗克是一个不为众人所熟知的名字，甚至有人怀疑其声誉是“门徒所为”。圣·克洛泰尔大教堂的管风琴伴随着弗朗克事业的发展，直至临终前，他一直在这里担任正式的管风琴师。尽管长时间受到暴君式父亲的压制，但弗兰克平静、宽厚、谦逊的性格让他的音符澎湃着浪漫主义色彩，时而汹涌强烈，始终悦耳动听，与宗教的严肃虔敬相去甚远。临别之际——弗朗克深受胸膜炎的折磨——圣·克洛泰尔大教堂的神父来到他的病榻前，这位清唱剧《赎罪》的作者沾上圣水后开始虔诚地忏悔。忏悔中提到了还没有完成的作品《圣母赞歌》，他自我安慰地说道，待他复活后，主一定会让他把《圣母赞歌》写完。弗朗克似乎是谨慎地做最后一次尝试把自己独特、略带焦虑的琴声带到天堂唱诗班。

尼禄[56]

68年6月9日

罗马

30岁

“一位伟大的艺术家即将死去！”

[56] 尼禄·克劳狄乌斯·德鲁苏斯·日耳曼尼库斯（Nero Claudius Drusus Germanicus，37—68），古罗马帝国的皇帝，54—68年在位。

罗马皇帝尼禄的行为已经引起了人们的强烈不满。除了因为他亲手杀死自己的母亲阿格里皮娜，还有谣传称64年罗马城失火，这位暴君面对一片火海，得意地弹奏着里拉琴。为了转移群众的指责，尼禄选中了基督徒来承担责任。因其屠杀教徒的手段过于残忍，激发了罗马人心中无限的怜悯之心。在被周围人孤立和被阴谋集团威胁的环境中，尼禄的行为越来越荒唐，他赐死了原来的顾问老师哲学家塞内加，砍下第一任妻子的头送给第二任妻子当作礼物。但在罗马人心中，这位君王最令人不齿的行为是在大庭广众之下登台表演，活像一个跟观众讨掌声的流浪歌手。但成为一名艺术家是尼禄毕生的梦想。67年，尼禄离开罗马以歌手、演员和马车夫的身份到希腊参加竞技会，历时一年，所有的奖项都被这位皇帝收归囊中，一时高兴的他居然赐予希腊城邦自治权。回到罗马后，元老院废黜了他的王位并处以死刑。尼禄临终前念念不忘的是从不曾真正拥有过的艺术人生。

阿基米德

公元前212年

叙拉古

75岁

“不要弄坏我的圆！”

罗马军队统帅马塞拉斯率部花了三年时间才攻下叙拉古城。其间，阿基米德和他发明的机器为守城立下了汗马功劳。这位希腊科学天才不仅推进了当时数学和物理的发展，他还是位高明的工程师，发明了投石器，还有传说他利用镜子的反光原理，将阳光反射到敌人的战船上，进而将其引燃。马塞拉斯出于敬佩阿基米德的才能，下令不准伤害这位贤能，并希望能把他带回罗马。罗马军队入城时，阿基米德正坐在广场上凝视着沙滩上的几何图形沉思。面对入侵的罗马士兵，阿基米德呵斥道不要弄坏他的图形。据普鲁塔克[57]记载，愤怒的罗马士兵用更干脆利落的方式做出了回应：拔出剑来刺死了这位伟大的数学家。

[57] 普鲁塔克（拉丁文：Plutarchus，约46—120），罗马帝国时代的希腊作家、哲学家、历史学家，以《比较列传》（又称《希腊罗马名人传》或《希腊罗马英豪列传》）一书闻名后世。

马瑟·巴纽[58]

1974年4月18日

巴黎

79岁

“你看，雅克琳娜，人生不会事事都如意。”

[58] 马瑟·巴纽（Marcel Pagnol，1895—1974），法国剧作家、小说家。

马瑟·巴纽的一生成就斐然。父亲是位小学教员，母亲是奥巴尼市的一位裁缝。孩提时代，他就展现出了非凡的写作天赋。学生时代，他成绩优异，最后以小说家、剧作家的身份踌躇满志地踏入了巴黎文坛。巴纽的直觉告诉他——虽然与朋友们的意见相左——扎根于地方特色的文学作品一定会让人眼前一亮。果然，20世纪20年代，巴纽以纯正马赛口音为特色的戏剧作品《托帕兹》和《马里留斯》大获成功，并被搬上了更具表现力的大银幕。其三部曲《芬妮》《马里留斯》和《恺撒》深受观众喜爱。凭借敏锐的商业头脑，他还是第一批创建制片公司的电影人之一，初衷是为了保护自己的创作自由。晚年的巴纽重新回归到小说世界中，通过《父亲的荣耀》获得了自己的荣耀。78岁那年，他被诊断出胃癌，却始终保持着斗志昂扬的精神状态。蓬皮杜去世时，消瘦的巴纽请人再次量身定做法兰西学院院士服，准备参加总统的葬礼，实际上他连围着床走几步的力气都没有了。两周以后的某天午夜里，他的健康状况急剧恶化，随后失去了意识，再次醒来已经是两个小时后。他把妻子雅克琳娜叫到跟前，紧紧地攥住她的手，久久地抱着她，用苦中作乐的嘲讽语气说出了最后的遗言：这是一次克制又痛心的告别。天亮时，巴纽永远地离开了人世。

安德烈·布勒东[59]

1966年9月28日
巴黎
70岁

“用这样的方式出门，真是差劲。”

[59] 安德烈·布勒东（André Breton，1896—1966），法国诗人和评论家，超现实主义创始人之一。

安德烈·布勒东曾跟朋友预言说自己活不过70岁。1966年夏天，超现实主义之父深受频繁发作的呼吸困难折磨，“我喘不过气来。”随后，他便搬到位于洛特省的圣西尔拉波皮耶小镇休养，从此深居简出。朋友们拜访他时惊讶地发现，往日西装革履才见客的布勒东居然穿着睡衣就出来了。他原本是医学院的学生却不愿到医院里看病。直到9月26日，剧烈的哮喘病发作。当地的卡奥尔医院已经无法接收这样的病人，因此布勒东被紧急送到巴黎。到了巴黎后他觉得自己好多了，便让人把他送回位于枫丹街的公寓里，等待女儿的到来。当天夜里，由于他身体状况急剧恶化，人们用担架把他送到几百米远的拉里布瓦西埃医院。临出门时，这位黑色幽默大师禁不住发出了最后的自嘲。黎明时分，他的心脏停止了跳动。

奥斯卡·王尔德

1900年11月30日
巴黎
46岁

“墙纸越来越破，而我越来越老，两者之间总有一个要先消失。”

奥斯卡·王尔德逃离维多利亚时代的英国整整三年了。那里，这位笔锋辛辣的唯美主义作家深受诉讼困扰，并因“同性恋”之罪被判到瑞丁监狱服刑两年。获释后，王尔德动身前往巴黎，尽管当时已经没有任何收入来源，这位夜生活的爱好者却依旧延续着游手好闲、挥金如土的生活方式，浪荡之余只完成出版了《瑞丁监狱之歌》。1900年秋，剧烈的偏头痛让他痛苦不已，甚至连听力都受到了影响，医生诊断为梅毒引起的脑膜炎。为了负担高昂的手术费用，王尔德不得不在朋友那里东拼西凑。“我甚至连死亡的费用都支付不起。”这句话一直挂在艺术街酒店的大厅里，王尔德在这里度过了人生中最后的两个月。然而这位花花公子在临终前几天，面对房间装饰发出的呐喊声更令人回味。最后近乎失声，意识模糊的他不忘让人请来神父，皈依天主教。第二天，他就离开了人世。

尤金·奥尼尔[60]

1953年11月27日
波士顿
65岁

“我就知道，生在一个旅馆里，该死的，还死在一个旅馆里。”

[60] 尤金·奥尼尔（Eugene O'Neill，1888—1953），美国剧作家，表现主义文学的代表作家，美国民族戏剧的奠基人。

1936年，尤金·奥尼尔获得诺贝尔奖。他用高贵典雅的文字在美国戏剧史上留下了辉煌的篇章。混乱动荡、饱经风霜的生活经历是他灵感的源泉。尤金·奥尼尔出生在百老汇一家旅馆的房间里——母亲跟着演员父亲正在进行巡回演出。20岁那年，他出发了：先是到洪都拉斯淘金，又当了船员远航到南美甚至英国，最后流浪到布宜诺斯艾利斯。回到美国后，尽管深受结核病困扰，但这位年轻的剧作家开始疯狂地写作，并在28岁那年，获得了普利策奖。在他的作品里，既能找到强烈的现实主义色彩，也不乏幻觉重重的象征主义，改编古典悲剧精神将其应用到民主、普通的现代人身上是奥尼尔作品永恒的主题。即使最后的遗言也依然带有讽刺的悲剧色彩。他10年前患上帕金森综合征，在波士顿喜来登酒店401房间度过了生命最后的旅程。如果用奥尼尔的自传作品《长夜漫漫路迢迢》来形容他的一生，很显然，这是一次旅行，也是一次环行。

奥古斯特·维利耶·德·利尔-阿达姆[61]

1889年8月18日

巴黎

50岁

“我会记得这个糟糕的世界。”

[61] 奥古斯特·维利耶·德·利尔–阿达姆（Auguste Villiers de l'Isle-Adam，1838—1889），法国象征主义作家、诗人与剧作家。

没落的贵族、清醒的幻想家、讽刺散文家、口若悬河的演说家，都是维利耶·德·利尔–阿达姆的人生标签，不仅如此，追求超脱现实的他还是象征主义文学的启蒙家之一。不过其作品——如科幻小说《未来夏娃》——在当时并没有大获成功，身无分文的维利耶过着流离失所的日子。1888年冬天，他因被诊断患消化道癌症而被迫放弃写作。这时，最忠诚的拥护者马拉美组织了一场募捐活动以接济维利耶的生活。就在维利耶去世的前五天，马拉美还筹划了维利耶与马丽娜·布列日娜的婚礼，让他跟亲生儿子相认。同样还是马拉美见证了他最后的遗言，遗言里饱含痛苦、怨恨之情，也是一种萦绕着此生记忆的来世预感。

安托万·德·圣-埃克苏佩里

1944年7月31日
地中海
44岁

“我死而无憾了。未来的白蚁冢让我感到极度恐惧，我讨厌它们机器人般的效能。我，生来适合做一名园丁！”

《小王子》是战后非宗教儿童的心灵教育读物。1943年，圣–埃克苏佩里出版了这本哲学类的短篇小说，告诉孩子们“真正重要的东西，肉眼是看不见的”，玫瑰之所以珍贵，是因为我们为她的开放花费了时间。《夜航》也是他的代表作，早在20世纪30年代，圣–埃克苏佩里还是位沉着冷静的优秀飞行员。到1943年，他的身体状况和几次摔机着陆事件带来的负面影响已经不允许他继续担任飞行员。然而，他还是坚持飞行完成航拍侦察任务。一天早晨，他驾驶着F5莱特宁消失在马赛附近海域。关于事故的原因，有人说是飞机故障，也有人说是被德国战机击毁。几天前，圣–埃克苏佩里在给朋友的信中写道，如果他消失了，请不要为他难过。关于对“机器人般的效能”的抨击并不是对技术进步的控诉——身为飞行员的圣–埃克苏佩里终身与飞机的各种零件为伍——而是针对我们与技术进步之间的冲突关系：它将现代人变得只会计算，不肯为心爱的玫瑰花费必要的时间，只相信肉眼看见的东西。总之，是一封心灵遗嘱。

小王子

查尔斯·夏尔·佩吉[62]

1914年9月5日

维勒鲁瓦

41岁

"开枪吧，开枪吧，混蛋！"

[62] 查尔斯·夏尔·佩吉（Charles Pierre Péguy，1873—1914），法国作家、诗人、评论家。

查尔斯·夏尔·佩吉的作品带有法兰西共和国独特而美丽的哲学韵味。这完全仰仗于一种“狂热的”政治介入，并且只能在“政治”之路上越走越远。1900年初，他积极捍卫极端自由的社会主义，因此这一时期的作品中具有明显的爱国主义和天主教思想倾向。随着第一次世界大战的来临，由于饶勒斯[63]坚持和平主义立场，逆时代者夏尔·佩吉把这位昔日德雷福斯事件[64]的同伴送到了行刑队的枪口上。入伍后，他很快成为陆军第二七六步兵团中尉，还跟朋友说道：“看吧，弟兄们，93事件即将重演！”[65]随后，他被派到马恩河前线。在一次空地行动中，整支队伍暴露在德军的枪林弹雨中。于是，夏尔·佩吉下令：“卧倒，开枪吧！”但他却还站着，正当他要再次号召士兵反抗时，一颗子弹正中他的额头。这场对战只持续了几周时间。早在一年前，佩吉就在诗中怡然自得地写道：“那些人是幸福的，他们死于激烈的鏖战。”[66]

---

[63] 饶勒斯（Jean Jaurès，1859—1914），20世纪初法国社会主义运动中最有影响力的领导人之一。

[64] 德雷福斯事件（Dreyfus Affair），1894年法国陆军参谋部犹太籍的上尉军官德雷福斯被诬陷犯有叛国罪，被革职并处终身流放，法国右翼势力乘机掀起反犹浪潮。

[65] 疑指1793年法国大革命。

[66] 取自夏尔·佩吉诗作《夏娃》节选《那些人是幸福的》。

小阿格里皮娜[67]

59年

巴亚（临近那不勒斯）

43岁

“捶打我的子宫吧，它最大的罪过就是孕育了你们的君主！”

[67] 小阿格里皮娜（15—59），全名尤利亚·维普桑尼亚·阿格里皮娜（Julia Vipsania Agrippina），古罗马皇后，暴君尼禄的母亲。

小阿格里皮娜的悲剧让我们瞬间穿越到阴暗的古罗马时代。她是古罗马皇帝克劳狄的妻子，尼禄的母亲——也有人说她和哥哥卡里古拉乱伦后生下尼禄——她费尽心机，策划阴谋，动用各种暗杀手段将儿子送上皇位。然而，公元54年尼禄加冕后，再也无法忍受母亲独揽大权，统领罗马军队的僭越行为。他曾试图毒死母亲，却被精于此道的小阿格里皮娜识破。他凿毁战船，诅咒她从此消失在茫茫大海之上。但小阿格里皮娜却游到了对岸，逃到了巴亚避难。听闻此消息后，尼禄马上派出军团百人队队长阿尼塞特去终结这个困扰他多年的心头大患。最后，面对即将到来的死亡审判，小阿格里皮娜用矫揉造作的语气告别了这个世界，接受了死神的审判。

埃瓦里斯特·伽罗瓦[68]

1832年5月31日
巴黎
20岁

“不要哭，我需要足够的勇气在20岁的时候死去。”

[68] 埃瓦里斯特·伽罗瓦（Évariste Galois，1811—1832），法国数学家。

埃瓦里斯特·伽罗瓦之于数学，相当于兰波之于诗歌：他们都是年少成名的天才。15岁，伽罗瓦在文学班学习时，发现了数字的奥秘，继而全身心地投入数学研究中，并经常到图书馆深入学习数学大师的专著。在高等师范学校就读时，他把关于方程理论的研究提交给法国科学院，然而当时并没有人能看懂他的成果。历史再一次扼住了巨人的喉咙：1830年七月革命爆发，伽罗瓦成为了一名热情洋溢的革命者，坚决支持奥古斯特·布朗基[69]，最终被判入狱。在狱中的9个月时间里，他潜心研究现已失传的“模糊理论”。获释后不久，年轻气盛的伽罗瓦卷入了一场爱情争斗中。但故事结局并不圆满：有人向他发起决斗的挑战。决斗前夜，他奋笔疾书地写下自己生平的数学研究心得，并附以论文、随笔及手稿，也正是这些珍贵的资料在一个世纪后，引领着数学界的风云变幻。决斗场上，一颗子弹正中他的腹部，被送到科申医院后遗憾离世。去世前，在泪眼婆娑的弟弟的怀抱中，埃瓦里斯特用尽最后的力气对抗这场还未完成的生命悲剧，这位前途无量的年轻数学家用短暂的一生为数学事业做出了巨大贡献。

[69] 路易–奥古斯特·布朗基（Louis-Auguste Blanqui，1805—1881），法国早期工人运动活动家、革命家、空想社会主义者，巴黎公社的传奇人物，巴黎公社议会主席。

亨利·德·图卢兹-罗特列克[70]

1901年9月9日
玛隆酒庄（圣 安德烈 杜 布瓦）
37岁

“妈妈，除了你，我一无所有。”

[70] 亨利·德·图卢兹-罗特列克（Henri de Toulouse-Lautrec，1864—1901），法国贵族，后印象派画家，近代海报设计与石版画艺术先驱，被人称作“蒙马特之魂”。

图卢兹-罗特列克擅长描绘蒙马特高地夜女郎的脸颊、动作与美貌，比如康康舞开创者拉·古留[71]和珍妮·阿弗莉，女歌手依维·格伯特或者寄宿时偶遇的邻家女孩。正因为缪斯女神们的存在，他暂时战胜了残酷的命运。父母是地方贵族，由于他们近亲通婚造成了罗特列克的先天疾病，14岁时腿部停止发育。他早年的生活十分丰富多彩，充满浪漫邂逅、幽默情绪和肆意挑逗，到了晚年却终日沉浸在酗酒中慢慢走向毁灭。1899年，震颤性谵妄发作后，他被送到诊所观察。但一出诊所大门，他就重新端起了酒杯。1901年夏天，10年前感染的梅毒和酒精中毒并发，第一次引起了瘫痪。这时，他才觉得自己命不久矣，慌忙躲回了吉伦特省的母亲家。他以画家的角度审视过万千女性，最后把目光转向了生命中的第一个女性。为了克服生死离别的考验，临终前他喃喃自语，似乎又变成了那个唤起母性力量的孩童。

[71] 拉·古留〔La Goulue意即“贪吃者”，本名：路易丝·祖瑟芬·韦伯（Louise Joséphine Weber），1866—1929〕，法国康康舞著名女性舞者，“拉·古留”是她的艺名，也被称为“蒙马特的女王”“康康舞女王”，她被公认为法国康康舞的宗师。

让·拉辛[72]

1699年4月21日
巴黎
59岁

“比你先死，我感到十分幸福。”

[72] 让·拉辛（Jean Racine，1639—1699），法国剧作家，与高乃依和莫里哀合称17世纪最伟大的三位法国剧作家。

拉辛和布瓦洛同龄，又同样出身资产阶级，两人都寄希望于通过艺术出人头地。1677年，应曼特侬夫人之请，他们被任命为路易十四的史官。从此之后，拉辛和布瓦洛便把自己的作品抛在脑后，专心为国王写赞美诗。其中拉辛一直紧随国王的脚步，或频繁出入凡尔赛宫，或深入战场。而几近失聪的布瓦洛则离群索居地留在巴黎。在20年的时间里，他们一直保持着亲密的通信来往。复杂的宫廷中，他们相互扶持，切磋诗艺，交流心声。身患肝脓肿的拉辛在弥留之际，在布瓦洛的怀抱中，留给挚友的话语就是友谊最好的见证：即将去世的人向还活着的人表示同情，完全将不幸的境遇颠倒过来。拉辛似乎在跟我们说，死亡既不是回忆的重负，也不是未来的破灭：生命中无数个失去颜色、味道、意义的瞬间构成了死亡，死亡之后便不再受到友谊的滋润。

皮埃尔·儒勒·列那尔[73]

1910年5月22日

巴黎

46岁

“玛丽内蒂，第一次，我要让你非常非常伤心了……”

[73] 皮埃尔·儒勒·列那尔（Pierre-Jules Renard，1864—1910），法国作家和龚古尔学院成员。

《胡萝卜须》的作者虽然很年轻，但身体状况却令人担忧，疲惫不堪的他半夜醒来，发现床单上全是血渍——动脉硬化折磨着他。在日记里，死亡这样的字眼出现的频率越来越高，因为他畏惧死亡，所以希望自己能以“最风情万种的姿态”迎接死亡的到来。这位法兰西院士作家十分珍视自己农民的出身——他曾在涅夫勒省的夏莫村待过一阵子。他喜欢用极简散文式的诗意文字、干练的讽刺话语描述现实中的一切，把想象看作是令人无法容忍的欺骗，认为“文艺情感”只适合“无心之徒”。陪伴在巴黎公寓里的床榻边的，是16岁就嫁给他的妻子玛丽，他们已经共同度过了22年平静、忠诚、幸福的时光。最后他用幽默却毫无诗意的歉疚语气向妻子告别。

列夫·托尔斯泰[74]	1910年11月20日 阿斯塔波沃 82岁

"我爱真理……非常……爱真理……"

[74] 列夫·托尔斯泰（Léon Tolstoï，1828—1910），19世纪中期俄国批判现实主义作家、思想家、哲学家。

俄国大文豪向往平静的晚年生活。他无法继续忍受自己的妻子索菲亚了，她占有欲极强，蛮横又爱慕虚荣。某天早晨，在女儿的陪伴下，他从亚斯纳亚·波利亚纳的住处秘密出走，却不幸在途中感染肺炎。一时间，医生、记者、沙皇密探和警察都蜂拥到阿斯塔波沃火车站，甚至还有一名主教想把他拉回教堂认罪。托尔斯泰的作品，例如《战争与和平》生动地刻画了当时俄国英雄式的苦难。生命最后的十几年里，他信奉不加任何修饰的基督教，认为剔除所有教义，满怀对耶稣的爱之所在即为信仰；临终遗言也表达了这样的人生信条。而妻子呢？她也闻讯赶来，却被孩子们阻止靠近托尔斯泰的床边。当她最终看到自己的丈夫时，他已经失去意识了。

圣方济各·迪·阿西西

1226年10月3日

阿西西

44岁

“欢迎你，我的死神姊妹。”

“贫穷之人”（意大利语：Poverello）圣方济各是欧洲历史上最伟大的人物之一。出身于阿西西的商人之家，年轻时期的他脑子里只有节庆和战争。22岁时，他受到神的启示，从此抛弃了锦衣玉食的生活。一时间，吸引了众多信徒，并建立了圣方济各修士会，以贫穷和谦虚为最基本的美德。从此，在一种无我精神的指引下，圣方济各·阿西西愉快地与世间万物生灵沟通。他为后世留下了风格典雅的《创造物赞美诗》，但丁在创造意大利语时便是受此启发：文中赞颂“太阳兄弟”“月亮姊妹和星辰”“水姊妹”“火兄弟”“风兄弟和各种气候”。圣方济各写这首诗的时候已年过不惑，病痛的折磨使得圣方济各身体十分虚弱，双眼也几近失明。弥留之际，他写了题为《肉身死亡姊妹》的诗节，补充到《创造物赞美诗》中。因为在咽下最后一口气之前，她是最后同他对话的人。圣方济各对西方思想史产生了颠覆性的影响：面对死亡，我们不再如临大敌，而是热情欢迎，生命也因此获得最醇美的滋味。这里，我们还要提到在圣方济各去世前几个小时留下的另一句遗言。他让“雅克琳娜兄弟”来见他最后一面，并补充道：“记着带杏仁蛋糕！”雅克琳娜是位富裕的寡妇，追随圣方济各成为他的信徒后，经常给他做杏仁蛋糕。

克莱尔·迪·阿西西

1253年8月11日

阿西西

60岁

“你啊，主啊，感谢你创造了我！”

与其导师一样，圣方济各修士会第一位女信徒的临终遗言也十分令人动容。克莱尔出生在阿西西贵族家庭：18岁听了圣方济各的布道后，她下决心放弃世俗生活，从家里偷偷逃出来追随圣方济各的脚步；她许下坚持圣洁和贫困的誓言；设法摆脱了盛怒的父亲和叔叔，因为他们企图强行带她回去成婚。4年后，她听从圣方济各的命令，建立了贫穷修女会，也称圣克莱尔修会，吸引了当地众多贵族妇女，其中包括克莱尔的寡妇母亲。在她领导下，修会走过了40年的清贫历程直至克莱尔衰弱去世。面对生命急转直下的改变，她脸上没有丝毫恐惧、怨恨、迟疑。相反，当“主”来带走她时，她只给生命留下了一个大大的“好”字，是个不折不扣的女圣人。

弗朗索瓦·戈贝[75]

1908年5月23日

巴黎

66岁

“生命中只有三件事情：友谊、爱和……”

[75] 弗朗索瓦·戈贝（François Coppée，1842—1908），法国帕纳斯派诗人、小说家。

弗朗索瓦·戈贝，作家、法兰西学院院士，是当时的“小大师”。他的诗歌风格简单，情感丰沛，主要描写平凡人的朴素情感，他的诗集便以《平凡人》命名[76]。兰波曾在《诅咒诗画集》中模仿戈贝善感、平淡的词调。因为支持巴莱斯，反对德雷福斯事件，即使戈贝对小人物心怀同情也没有引起别人的好感。弗朗索瓦·戈贝是历史上没有善终的人物之一。因患咽喉炎，在生命的最后日子里，他只能靠写小纸条与外界交流。当他想给朋友写下生命最重要的篇章时，却突然离世，留给了世人一个秘密。我们是否可以大胆猜测，纸条上的空白、缺失或空隙，总之就是遗言中的留白是否代指死亡本身？这不是一则失败的遗言，恰恰相反，是一则临别箴言。是的，人生在世三件事情最重要：爱、友谊和别离。

[76]《平凡人》发表于1872年。

阿尔弗雷德·雅里[77]

1907年11月1日

巴黎

34岁

声称要找牙签，“我在寻找，寻找，寻找……”

[77] 阿尔弗雷德·雅里（Alfred Jarry，1873—1907），法国著名小说家、剧作家、记者。

阿尔弗雷德·雅里被看作最宝贵、最亲密的超现实主义之父。他通过塑造乌布王开创了一门著名的科学——啪嗒学。啪嗒学是一门通过“想象解决问题”的科学，偏重一切普遍规律的“例外”。阿尔弗雷德·雅里既是尖锐的讽刺作家，也是荒诞剧大师，在他看来，最没用的发现才是最珍贵的。身患结核性脑膜炎的他，在慈善医院度过了生命中最后的几个小时。临终前，他向周围的人要牙签。最后的时刻，他到底在想什么？他正在寻找什么？证据：一年前，他用第三人称描述自己时写下了这样的句子：“他认为，解体后的大脑超越死亡继续运转，而他的梦才是天堂。”

维克多·雨果

1885年5月22日

巴黎

83岁

“分离。”

《创世记》中记载，每当上帝创造一样东西后总会感叹一次“真好啊！”只有一次，他看到自己的作品后沉默了：当他分开黑暗与光明时。《圣经》的作者把沉默的原因解释为无法分辨分离的好坏：分离是冒险、是突变、是不安。自孩童时期，维克多·雨果就与《圣经》有种不解之缘，他以此为基础创作了《历代传奇》[78]。死亡前夜，书中铿锵的智慧之声又萦绕在他身旁。终日被肺充血折磨的他，静静地等待着死神的降临，突然他喊道：“这是日与夜的较量！”早晨7点，巨人又急切地吐出了“分离”二字：这一刻，上帝正要扼住他的喉咙，这一刻，最好的最坏的都有可能发生。

[78]《雨果文集：历代传奇（修订版）》是用诗的形象、诗的语言描绘的人类社会历史，起初分为《初集》《二集》和《续集》三卷，陆续于1859年、1877年、1883年出版。

费尔南多·佩索阿[79]	1935年11月30日 里斯本 47岁

"我不知道明天将带来什么。"

[79] 费尔南多·佩索阿（Fernando Pessoa，1888—1935），葡萄牙诗人。

去世前夕，著名葡萄牙诗人被送到了法国圣路易医院，经诊断为因酒精摄入过量引起的肝硬化。其早期作品全部用英文完成："I know not what tomorrow will bring."虽然死神一步步逼近，但费尔南多·佩索阿却拒绝用空论、假设、心理投射干扰自己的精力、目光与思想，这会让我们忽略当下的意外事件。诗人用敏锐的笔触记下这个句子，像是即兴的心灵修炼，作者也是呼吁一种基本态度，即便死亡不会来临，他也从未停止过用自己的作品探索世界。通过塑造个性鲜明的异名（贝尔纳多·索埃斯、阿尔伯特·卡埃罗、阿尔瓦罗·德·冈波斯……），他刻画了我们周围的百态人生。他用诗意的方式告诉我们，没有什么确定的事能困住我们几个小时。在诗人的眼中，只要我们明白这一点，不论是政治生活、宗教生活还是社会生活都会为真正的"美丽"生命让步。这样的生命，我们中的每个人都可以用佩索阿的口气说："我没有改变，我是在旅行。"这样的生命，不知道从何而起，也不知道要经过何处，总是从一次次重新开始中汲取力量。

图书在版编目(CIP)数据

聆听：向死而生 / （法）菲利普·纳西夫著；王倩译. —武汉：武汉大学出版社，2017.8

ISBN 978-7-307-19422-9

Ⅰ.聆… Ⅱ.①菲… ②王… Ⅲ.格言—汇编—世界 Ⅳ.H033

中国版本图书馆CIP数据核字（2017）第143362号

责任编辑：崔 瑶　　责任校对：许 婷　　版式设计：刘珍珍

出版发行：**武汉大学出版社**　（430072 武昌 珞珈山）
（电子邮件：cbs22@whu.edu.cn 网址：www.wdp.com.cn）
印刷：三河市京兰印务有限公司
开本：880×1230 1/32　印张：6.5　字数：106千字
版次：2017年8月第1版　2017年8月第1次印刷
ISBN 978-7-307-19422-9　定价：39.00元
